中小学
研学旅行课程
研发与实施

肖明华 文丽 张晓霞 黄小波 陈伊婷 ◎著

四川大学出版社
SICHUAN UNIVERSITY PRESS

图书在版编目（CIP）数据

中小学研学旅行课程研发与实施 / 肖明华等著. —成都：四川大学出版社，2022.10
ISBN 978-7-5690-5754-6

Ⅰ.①中… Ⅱ.①肖… Ⅲ.①教育旅游－活动课程－教学研究－中小学 Ⅳ.① G632.429

中国版本图书馆 CIP 数据核字（2022）第 200148 号

书　　名：	中小学研学旅行课程研发与实施
	Zhong-xiao Xue Yanxue Lüxing Kecheng Yanfa yu Shishi
著　　者：	肖明华　文　丽　张晓霞　黄小波　陈伊婷
选题策划：	梁　平
责任编辑：	梁　平
责任校对：	杨　果
装帧设计：	璞信文化
责任印制：	王　炜
出版发行：	四川大学出版社有限责任公司
	地址：成都市一环路南一段 24 号（610065）
	电话：（028）85408311（发行部）、85400276（总编室）
	电子邮箱：scupress@vip.163.com
	网址：https://press.scu.edu.cn
印前制作：	四川胜翔数码印务设计有限公司
印刷装订：	成都新恒川印务有限公司
成品尺寸：	148mm×210mm
印　　张：	3.5
字　　数：	94 千字
版　　次：	2022 年 11 月 第 1 版
印　　次：	2022 年 11 月 第 1 次印刷
定　　价：	39.00 元

本社图书如有印装质量问题，请联系发行部调换

版权所有 ◆ 侵权必究

四川大学出版社
微信公众号

前　言

2016 年 11 月，教育部等 11 个部门联合印发了《关于推进中小学生研学旅行的意见》。该意见指出：中小学生研学旅行是由教育部门和学校有计划地组织安排，通过集体旅行、集体食宿方式开展的研究性学习和旅行体验相结合的校外教育活动，是学校教育和校外教育衔接的创新形式，是教育教学的重要内容，是综合实践育人的有效途径[①]。该意见还要求将研学旅行纳入中小学生教育教学计划，与综合实践课程活动统筹考虑，促进研学旅行和学校课程有机融合。学校如何落实国家的要求，结合学校课程，系统地设计研学旅行内容，科学有效地组织开展研学旅行活动，为学生全面发展提供良好的成长空间，这是一个值得研究的问题。

2020 年 7 月，成都市实外西区学校研学旅行课程研发与实施团队在都江堰市文化体育和旅游局、都江堰市图书馆的支持下，在旅行社的通力协作下，完成了以"都江堰水利工程中的科学与人文"为主题的都江堰研学之旅。在 10 名不同学科的教师和自然科学史、文物考古、图书情报等方面的专家学者的跟进指导下，37 位准高一学生经过为期 3 天的现场考察、5 个专题的学习研讨和 7 天的小组自选课题研究后，顺利完成了 12 份研究报

---

① 教育部等 11 部门关于推进中小学生研学旅行的意见[EB/OL]. (2016－12－02)[2022－04－05]. http://www.moe.gov.cn/srcsite/A06/s3325/201612/t20161219_292354.html.

告，并进行了课题研究成果展示汇报。

指导教师欣喜地发现，学生的研究内容涉及语文、数学、物理、化学、历史、地理以及管理学、哲学等多个学科领域。这些研究内容看似无意却十分明显地传达出一些关乎学生个体的兴趣偏好。学生对自己感兴趣的知识的钻研深度和广度远远超越了教师对他们原有的认知。学生的想法思路也让指导教师十分感叹——以前在课堂上生怕少讲了一点，不敢放手让学生独立思考，现在看来，对学生学习潜能的估计还是显得过于保守。

在研学旅行课题研究报告会上，学生以流畅的思维、清晰的语言和充满自信的姿态分享了他们的研究成果。"探秘都江堰——杩槎的奥秘""都江堰水利工程排水排沙的独特性研究""都江堰宝瓶口——热胀冷缩原理的巧妙运用"……一个个研究课题，令与会的家长和教师耳目一新。大家发现，基于现实情境的研究性学习不仅激发了学生的文化自信，提升了他们包括知识应用能力、人际沟通能力和语言表达能力在内的综合能力，也使他们对自己的生涯发展产生了很多关联性的觉察和思考。

"纸上得来终觉浅，绝知此事要躬行。"学校研学旅行课程研发团队深刻认识到：研学旅行活动为培养未来社会需要的，具有创新性、综合性和实践性的拔尖人才提供了广阔的空间。研学旅行活动的有效实施，离不开学校和教师的深度参与。学校开发研学旅行课程，需要结合国家规定课程的学习和学生的发展需求，考虑以下几个基本问题：

（1）学生在开展基于情境的研究性学习，解决"真实问题"时，需要什么样的知识、技能和心态？

（2）设计什么样的学习和体验性活动，为学生提供有效支持？比如学生在学习过程中应该扮演怎样的角色？学生会探索什么样的真实问题？学生会创造什么样的成果？学生的成果如何呈现和分享？

前　言

（3）如何系统整合资源以实现学习和研究目标？比如如何寻找基地？如何设计项目框架？如何设计学习环节和关键要素？如何提供学习和研究的工具？如何评估学生的活动效果？

（4）教师和团队会面临什么样的挑战？比如教师的知识缺陷、教师的项目研究指导方法及有效性等。

我们研学旅行课程研发团队在实践中，不断地思考和回答上述问题。近两年来，我们初步形成了学校研学旅行课程总体规划和研发框架，在设计并实施了"都江堰水利工程中的科学与人文"研学旅行课程后，又设计实施了"食品与人类生活——二郎镇郎酒庄园研学之旅""走进成都——成都的历史与文化"等研学旅行课程，并将逐步构建学校研学旅行课程体系。

《中小学研学旅行课程研发与实施》一书就是在这样的研究与实践过程中形成的。全书共分四章。第一章主要阐释了我们对研学旅行意义的理解，分析了"研""学""旅"三者之间以及研学旅行课程学习与学科课程学习之间的关系，分析了学校研发研学旅行课程的意义，并提出了研学旅行课程研发的基本原则、思路与框架。第二章提供了一份《"都江堰水利工程的科学与人文"学习手册》（以下简称《学习手册》，旨在为读者呈现一个真实的研学旅行课程案例。第三章以《学习手册》为例，具体阐释了学校研学旅行课程研发的技术路线及理论依据。第四章以视频的形式，将研学旅行课程的活动样态及关键要素进行了可视化的呈现。这四章内容相互呼应，从理论和实践两个层面，将我们在研学旅行课程研发和实施中的所思、所想、所为做了一个较为全面的梳理。

我们想把这本小书献给参与研学旅行课程研发与实施的教师、同学、各领域的专家学者以及家长，献给为研学旅行活动提供支持的都江堰市文化体育和旅游局、都江堰市图书馆的领导和教师以及旅行社的领导和工作人员。研学旅行活动像一条纽带，把学校、社会和家庭紧密联系起来，形成了一个"教育共同体"，共同为学生推开了一扇知觉自我，观察探究社会、科技、地理、历史、人文、自然以及探索未来世界的大门。

我们也想把这本小书分享给各位大中小学的同行、师范院校的教师和同学，以及教育研究机构的专家学者，希望本书能为学校研学旅行课程的开发与实施提供一个视角。通过这种分享，碰撞出更为丰富多彩的中小学研学旅行课程。

本书的分工如下：前言、后记由张晓霞编写，第一章由肖明华、张晓霞、文丽编写，第二章由文丽、张晓霞、黄小波编写，第三章由文丽编写，第四章由文丽、张晓霞、陈伊婷编写。全书由张晓霞统稿，张晓霞、文丽修改审定。四川国际标榜职业学院的庞惠萍副教授应邀协助查阅了研学旅行的相关文献并形成文献综述，为本书提供了重要参考。肖鹏、文登钰老师协助进行了本书体例的整理工作。曾群副校长、赵远平主任和尹利军、罗铖副主任的真知灼见对本书的编写提供了很大帮助。钟棋、陈合飞、邓仕举、吴朝江、肖鹏、林苗、文登钰、夏杰、傅浩、覃秦等老师作为学校研学旅行课程实施的首批指导教师，全程参与了案例活动的组织和指导工作，为本书做出了重要贡献。在此，一并向各位表示感谢！

要把我们亲历的关于学校研学旅行课程研发与实施的学习与研究、实践与反思呈现出来实属不易。限于我们团队的水平，书中问题在所难免，敬请大家对不当之处给予批评指正。

这个世界正面临着百年未有之大变局，教育也在发生深刻的变化。我们愿与大家一道，不断探索适应国家和未来社会发展需要的优质教育。

著　者

2022 年 4 月

目 录

第一章 研学旅行课程研发的意义与基本思路……………（1）
    第一节 学校为什么要研发研学旅行课程……………（3）
    第二节 学校研学旅行课程研发的基本思路与框架
    …………………………………………………………（12）

第二章 学校研学旅行课程设计与实施案例……………（25）

第三章 学校研学旅行课程研发的技术路线……………（59）
    第一节 选择研学旅行地点……………………………（61）
    第二节 设计《学习手册》……………………………（64）
    第三节 研制"学习指南"……………………………（68）

第四章 学校研学旅行课程实施样态与要素……………（95）
    第一节 研学准备………………………………………（97）
    第二节 实地考察………………………………………（97）
    第三节 探索与发现……………………………………（98）
    第四节 研究与表达……………………………………（98）
    第五节 生涯探索………………………………………（99）

参考文献……………………………………………………（100）

后　记………………………………………………………（102）

第一章

研学旅行课程研发的意义与基本思路

2013年，国务院办公厅颁布了《国民旅游休闲纲要（2013—2020年）》，提出要"逐步推行中小学生研学旅行"，学术界开始了对中小学研学旅行的研究。2016年11月，教育部等11个部门联合印发《关于推进中小学生研学旅行的意见》，提出将研学旅行纳入中小学生教育教学计划，与综合实践活动课程统筹考虑，促进研学旅行和学校课程有机融合。将研学旅行纳入中小学生的必修课程，标志着我国研学旅行进入新的发展阶段。国家、各省区和各地市随即出台了众多相关政策，中小学研学旅行得到旅游部门和社会机构的广泛支持和积极参与。2017年5月，在"中国研学旅行联盟成立大会暨红旗渠研学旅行论坛"上，中国研学旅行联盟正式成立，并发布了《研学旅行基地设施规范》《研学旅行基地服务规范》等文件。我国研学旅行呈现快速健康发展的良好态势。对于学校而言，如何将研学旅行和学校课程有机融合，使学生在与社会接触的过程中，在体验式和沉浸式学习中，形成正确的世界观、人生观、价值观，去建构自己高远的理想和信念，是一个值得学校教育工作者深入探究的问题。本章主要围绕学校研发研学旅行课程的意义、基本思路和框架等进行探讨。

第一节　学校为什么要研发研学旅行课程

一、研学旅行活动的意义

教育部等 11 个部门发布的《关于推进中小学生研学旅行的意见》阐明了研学旅行的组织主体是教育部门和学校，研学旅行的基本组织形式是集体旅行、集体食宿，研学旅行的学习方式是将"研究性学习"和"旅行体验"相结合。由此可见，研学旅行的重要特征是"体验性"和"研究性"。"体验性"，意味着学习环境具有现场感、参与性和互动性；"研究性"，意味着研学旅行的过程具有发现性、探究性和生成性。

因此，我们认为，作为一种"综合性实践育人"的课程，研学旅行课程和学校学科课程有着密切的联系，但也有着较为显著的区别（表 1-1-1）。

表 1-1-1　研学旅行课程与学科课程的主要区别

名称	研学旅行课程	学科课程
学习资源	基于现实情境	基于知识体系
知识呈现	多学科交融	学科线索清晰
学习方式	体验与生成	接受与理解
学习成果	多元与创新	确定或有限开放

研学旅行课程与学校学科课程中的"研究性学习项目"（包括学校综合学科的研究性学习项目）也有着显著的区别。尽管研学旅行课程和学科研究性学习项目都强调"研"，但前者更强调学习场域的教育性、学习过程的自主性和交互性、学习团队的建

3

设性,更加关注从学习的"现场体验"中"自主"发现问题、提出问题、分析问题、解决问题的过程;并在此过程中,建构自我与他人、自我与社会的关系,为生涯规划、未来发展奠定坚实的基础。而后者则更注重学科知识的验证性和应用性。

二、研学旅行活动的研究现状

近几年,我国学者从中小学研学旅行的内涵、类型及课程建设和推进措施等方面开展了研究。关于中小学研学旅行的内涵研究,陶轶敏(2017)认为,研学旅行,顾名思义要求"研学"与"旅行"并重,学生在旅行中通过一次次活动体验、实践、反思来构建知识、创新知识[1]。殷世东(2020)认为,新时代中小学研学旅行是一种基于旅行,在旅行过程中开展研究性学习,从而提升个人发展的综合素养的一种教育活动[2]。关于中小学研学旅行类型研究,杨晓(2018)提出,研学旅行可按照不同的分类法而使之从属于不同逻辑联系的序列,每个序列都各自构成一种研学旅行的系统;可以以研学旅行组织实施的主体、以研学旅行活动的内容、以研学旅行活动开展的范围等为分类依据[3]。殷世东(2020)根据其内容,将中小学研学旅行的类型分为:自然地理类、历史人文类、科技创新类、劳动生产类和营地体验类[4]。关于中小学研学旅行要素研究,滕丽霞、陶友华(2015)从研学旅行的目的、范围和特点等因素考量,提出中小学研学旅行活动的

---

[1] 陶轶敏. 研学旅行中学生核心素养的孕育 [J]. 教育与管理,2017 (23):20—22.

[2] 殷世东. 新时代中小学研学旅行的内涵、类型与实施模式 [J]. 现代中小学教育,2020 (4):1—5.

[3] 杨晓. 研学旅行的内涵、类型与实施策略 [J]. 课程·教材·教法,2018,38 (4):131—135.

[4] 殷世东. 新时代中小学研学旅行的内涵、类型与实施模式 [J]. 现代中小学教育,2020 (4):1—5.

四大要素：教育行政管理部门和学校、参加研学旅行活动的中小学生、研学旅行活动基地、提供研学旅行服务的旅行社[①]。曹晶晶（2010）探讨了日本修学旅游繁荣发展的要素：一是政府及相关部门提供法律支持、政策保障和其他相关支持；二是财团法人日本修学旅游研究协会提供指导监督；三是新闻媒介的信息传播作用；四是修学旅游产品，这是修学旅游的核心组成部分。各要素都服务于学生的发展、时代的需要[②]。关于中小学研学旅行课程建设研究，荆文风（2019）认为研学旅行的课程理念与目标（Thought）、研学主题（Topic）、研学路线（Tour）、研学任务（Task）、研学课程团队（Team）（简称"5T"）是中小学研学旅行课程的基本要素，是研学旅行课程科学化、常态化、规范化实施的必要条件，也是研学旅行课程建设的重点[③]。吴垚（2020）提出了基于目标情景模式的课程开发共六大环节：研学旅行课程情景分析、研学旅行课程目标表述、研学旅行课程内容选择、研学旅行课程方案制定、研学旅行课程实施、研学旅行课程评价[④]。张晓瑜、占晓婷（2020）提出要对研学旅行课程进行规范化建设：丰富活动项目、活动项目特色化、特色项目校本化、校本课程精品化[⑤]。关于中小学研学旅行推进措施研究，王婷婷、刚祥云（2017）提出了以高校研学旅行理论方案的研发与推广为首要，以研学目的地对接学校教育进行有效资源的整合为必要，

[①] 滕丽霞，陶友华. 研学旅行初探[J]. 价值工程，2015，34（35）：251-253.

[②] 曹晶晶. 日本修学旅游发展及其对中国的启示[J]. 经济研究导刊，2010（10）：134-136.

[③] 荆文风. 中小学研学旅行课程建设研究[D]. 武汉：华中师范大学，2019.

[④] 吴垚. 基于目标情景模式的中小学研学旅行课程开发研究[D]. 成都：四川师范大学，2020.

[⑤] 张晓瑜，占晓婷. 中小学研学旅行必须走课程化之路[J]. 教育教学，2020（9）：326-327.

以研学旅行课程化的有效拟定为方略，实现研学旅行"高校＋中小学＋旅游地"一体化的思路①。

在操作层面上，我国中小学开展研学旅行也有了一些基本的模式。"游览观光式"通常由学校委托旅行社组织，在导游的带领下，在国内外的学校、风景名胜区、博物馆、展览馆等地，开展游学观光活动；"生存拓展式"通常由社会机构组织，在专业教练指导下，开展远足、野营、野外生存等活动；"知识实践式"通常由学校组织，在班主任或专业教师的带领下，在校外开展知识拓展性学习和多元互动性学习。

综上所述，关于中小学研学旅行的理论研究和实践研究给我们开展研学旅行课程研究提供了借鉴。但学校开发研学旅行课程的必要性、学科课程与研学旅行课程的关系、研学旅行课程的系统性与科学性、学生研学旅行过程中研究性学习的跟进指导性、体验性学习的深层反思性等问题，以及在实施过程中，如何把"旅"的资源变为"学"的对象，并从"旅"和"学"中获得思考开展"研"等问题，还需要我们去进一步探讨和研究。

三、学校研发和实施研学旅行课程的意义

学校作为组织主体，结合学校教育和学科学习要求，系统研发并实施研学旅行课程，是提高学校教育教学水平的良好途径。

（一）有助于提升学生的生涯规划能力

当今时代正面临着百年未有之大变局。培养适应未来社会发展需要的，具有高素质、创新能力和实践能力的人才，这是时代赋予学校教育的责任与使命。国家新高考改革提出了选择性高考

---

① 王婷婷，刚祥云．论中小研学旅行面临的几个问题及其应对策略［J］．黑龙江教育学院学报，2017，37（5）：75—77．

的要求，学校课程设计也关注到学生的个性化学习需求。但值得重视的是，学生自主性和选择性学习的前提，是较为充分地认知自我，对自己的现实和潜在的发展需求、职业倾向性乃至性格偏好等，有着较为清楚的认知，对自己的生涯发展有着较为明确的规划。研学旅行活动不仅给学生提供了一个将知识综合运用于实践的场所，也为学生提供了建构自我与他人、自我与社会、自我与环境的认知与实践的场所。学生通过研学旅行活动，可以将学科课程和社会实践有机融合，在综合运用知识的过程中，知觉自己的兴趣爱好，发现自己的学科乃至职业倾向性，有助于提高学生的生涯规划能力。也让教师在指导学生的过程中，去反思自己的教学，发现学生的特点和特长，并针对性地对学生进行个性化指导。

（二）有助于激发学生学习的内动力

在研学旅行活动中，当不同的学生面临同一种现实情境，需要从中发现问题、提出问题、分析问题、解决问题时，平时积累的知识和学科的倾向性会自然地影响其对问题的关注点。比如，同样是都江堰研究，有的学生显示出对都江堰蕴含的哲学思想感兴趣，有的学生对都江堰蕴含的文学典故感兴趣，有的同学对都江堰蕴含的物理和化学知识感兴趣，有的同学对都江堰蕴含的管理学智慧感兴趣……在专题学习、合作学习、朋辈学习的过程中，学生感受到了自身拥有的知识对于解决问题的意义，体验了利用知识解决问题的乐趣，发现了自身知识的缺陷。这一过程，能升华对学生学习的价值认识，升华学生对自己生涯发展的意义认识，从而激发自身的学习潜能和内在动力。

（三）有助于提升教师的课程领导力

研学旅行课程作为学校的综合实践活动课程，需要制定课程规划，设计课程方案、课程计划、课程内容、实施流程以及开展课程管理和课程评价等，这是提升教师课程领导力的有效载体。教师是研学旅行课程的开发和实践者，走进社会，与各领域专家一起，从不同的学科视域去规划、设计和组织实施研学旅行课程，是教师很重要的职业经历。教师在和学生共同研学旅行的过程中，不仅自身的知识和学术视野得到拓展，研究意识、研究能力以及课程领导力得以提升，也能更深入地观察和了解学生的学习特点、思维方式、兴趣特长和认知倾向，可为教师指导学生生涯规划提供实践基础。

（四）有助于促进教师的综合能力发展

教师指导学生开展研学旅行活动需要扮演多重身份：既是课程开发者，又是社会资源联系人；既是活动组织者，又是活动管理者；既是活动体验者，又是活动引领者；既是学习者，又是研究者……从研学旅行课程规划、设计，到研学活动的社会资源、学校资源的调配；从指导学生观察、体验、分享交流，到组织学生选题、呈现成果，对于中小学教师来说，都是一种挑战。教师需要有开阔的眼界、跨学科的知识、发现问题的意识和指导研究的能力、团队合作意识、组织管理能力、协调能力、表达能力等。所以，这个过程可以很好地锻炼教师的综合能力。

四、学校研发研学旅行课程的基本原则

研学旅行课程的开发应当遵循如下原则。

（一）课程目标的明确性

学校开发研学旅行课程，需要结合国家对中小学教育的要求，学校的办学定位、人才培养的要求，学校办学特色和学校课程，系统有序地设计并组织实施。

（二）场域资源的综合性

研学旅行场域资源的开发，是研学旅行课程要素中的一个重要内容。作为一个拥有 5000 多年文明史的国度，我国拥有十分丰富的研学旅行课程资源。国家也规划和建构了国家级、省市级的研学旅行基地，为中小学生开展研学旅行提供了很好的条件。而要把研学旅行课程作为学校的常态化课程，这种场域应具有典型性、多元性、多学科的综合性等特征，以满足学生兴趣的多样性，例如，在"都江堰水利工程中的科学与人文"研学旅行课程中，使研学旅行学习资源得到最大化利用。

例如，在"都江堰水利工程中的科学与人文"研学旅行课程中，本课程团队选择了位于四川成都具有 2600 多年历史的世界文化双遗产地——都江堰水利工程作为研学旅行基地。该基地为研学旅行课程提供了丰富的课程资源：都江堰水利工程蕴含的数、理、化、生、文、史、艺术、哲学各类知识，附近拥有的距今 4500～5000 年的成都平原史前城址·芒城遗址，都江堰市图书馆，以及本土的史学专家、文物学者等。这些为学生结合自己的兴趣选择研究课题提供了支持。

（三）课程团队的多元性

研学旅行课程的开发与实施，应该由学校（教育研究机构）、资源地、旅行社多方参与，优势互补。学校（教育研究机构）是研学旅行课程开发的主体。学校需要结合学生的学习基础和发展需求，制定研学旅行课程建设指导方案。课程研发与实施团队依据学校方案，确定研学主题，通过实地考察、与资源地相关行政管理部门和专家学者沟通和协商，制订课程方案。课程方案包括课程目标、课程内容、学习对象、学习形式、成果形态、管理与评价方式等，并有序组织实施，形成可持续的校外活动课程。资源地是课程开发与实施的有力协作者。资源地专家通过深入了解研学旅行学习的目的和要求，与教师团队协作，利用自身的专业优势和实践经验，开展研学旅行课程指导。旅行社是课程开发与实施的支持者，通过了解研学旅行课程的整体规划，制订详细的行程计划，为研学旅行活动的组织与集体生活提供保障。三方通力配合，确保研学旅行课程的活动质量。同时，各相关机构及学生家长的支持，也是不可或缺的。

例如，本书课程团队通过实地考察，与资源地相关部门和专家沟通协商，研发了研学旅行课程《学习手册》；都江堰市文化体育和旅游局、市图书馆开放了研究资源，并提供了专家现场讲座与指导；旅行社设计了详细的出行计划。各方协调配合，保证了活动的顺利开展。

（四）课程内容的结构性

研学旅行课程的"体验性"和"研究性"特征，赋予了其课程内容的独特性。但即便是独特的学习内容，也必须具有内在的结构。这种结构由相互交织的几个维度呈现：一是"有结构"的课程模块，二是"有结构"的主题情境线（旅），三是"有结构"的专题学习线（学），四是"有结构"的自主性和个性化研究线（研），五是"有结构"的成果展示线（展）。通过这种既具开放性又有内在结构性的研学旅行课程，学生在旅中学、学中思、思中研，通过看、听、研、表达，实现集体和个人的真实成长。

例如，"都江堰水利工程中的科学与人文"研学旅行课程设计了包括"研学准备""实地考察（认识都江堰）""探索与发现（了解都江堰）""研究与表达（研究都江堰、表达都江堰）""生涯探索（我的未来故事）"五个模块。主题情境线是"都江堰水利工程的几个关键点的实地考察：鱼嘴、飞沙堰、宝瓶口、成都平原史前遗址·芒城遗址"，学习专题有"基于现场"的工程结构解说、"基于哲学视野"的都江堰科学与人文讲座、"基于研究性学习"的科学工作者课题研究讲座、图书馆专家的文献查询讲座、都江堰考古专家讲座,研究线有"个人现场小作业、图书馆资料查询、小课题选题、课题论证、团队合作研究",展示线有"每日小组讨论、全班反思性交流、研究课题汇报展示、我的未来故事创编"等。

（五）课程实施的递进性

研学旅行的前提是"旅","学"是旅和研的介质,"研"是学和旅的落脚点。因此,课程设计者一定要有问题意识,将"旅"的内容进行解构,融进"学"的环节中。问题引导,任务驱动,多样化学习,促进"研"的任务达成。

例如,在"都江堰水利工程中的科学与人文"研学旅行课程的第一环节"认识都江堰"中,团队设计的每一个"旅"的环节都有连续性问题,有实地开展"学"的目标和要求。比如,考察完鱼嘴、飞沙堰、宝瓶口,学生在及时表达自己的感受后,还需要画一幅你心中的都江堰,并说明为什么这样画。

（六）课程评价的及时性

作为一门综合育人的校外活动课程,研学旅行课程的评价方式与学科课程评价方式具有共性,即都注重将过程性评价和终结性评价有机结合。但相比之下,研学旅行课程更注重过程性评价,评价的维度也比学科课程更为综合——包括集体观念、文明礼仪、参与意识、合作能力、问题意识、研究能力和表达能力等多个方面;也更关注课程实施过程出现的各种教育契机,及时进行评价。换言之,研学旅行课程不仅关注学生"学到了什么",更关注学生"怎么学""在哪里学",使学生通过研学旅行课程,建构一种事物感知能力、评价能力和自我反思能力。

例如，在"都江堰水利工程中的科学与人文"研学旅行过程中，学生出现了忘记收拾学习室、不注意给老师让座、忽视给讲座专家致谢、不顾集体就餐要求私自点外卖等现象。指导教师及时在当日的总结中指出这些现象，并引导学生剖析这些小事背后的原因。这使学生在经历几天的活动后，都有了更加文明的举止。

研学旅行课程是集课程论、教学论、学习论、方法论等多种理论于一体的综合实践课程。指导教师团队要结合教育教学内容和要求，结合研学旅行基地的资源，指导学生"学"和"研"，这比上学科课更难；学生要基于但不限于研学旅行基地的资源，结合自身的知识去发现问题、提出问题、分析问题和解决问题，并且合理地表达，这也是一次严峻的挑战。不过，这种充满挑战的课程，也会让人激情澎湃。

第二节 学校研学旅行课程研发的基本思路与框架

设计研学旅行课程，需要做严谨而细致的调查与分析，在调查分析的基础上，对具体课程进行逻辑上的推演，以明确课程的基本方向和行动思路，构建系统的、有结构的课程。我们通过"都江堰水利工程中的科学与人文"为主题的研学旅行课程研发与全过程实践，形成了一个研学旅行课程设计的基本思路与框架（图1-2-1），即研学旅行课程设计与实施的"十步法"。

第一章 研学旅行课程研发的意义与基本思路

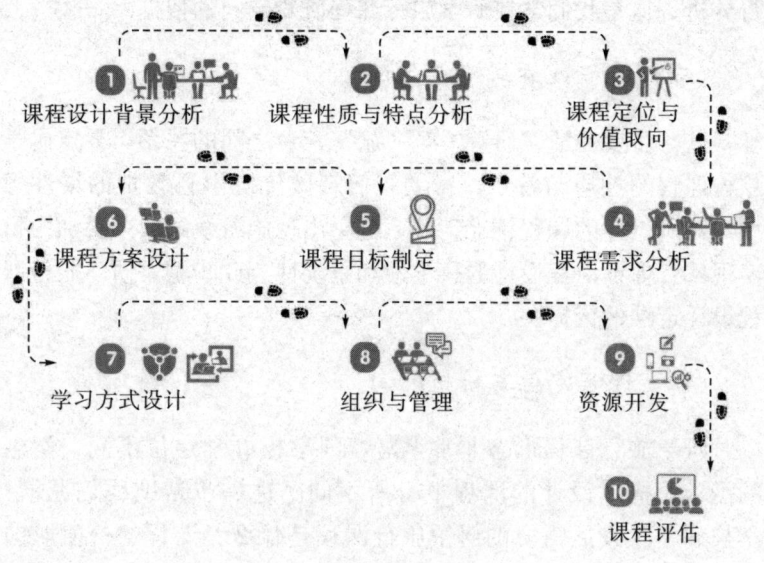

1. 课程设计背景分析
2. 课程性质与特点分析
3. 课程定位与价值取向
6. 课程方案设计
5. 课程目标制定
4. 课程需求分析
7. 学习方式设计
8. 组织与管理
9. 资源开发
10. 课程评估

图 1-2-1

（一）课程设计背景分析

对于学校而言，进行研学旅行课程开发与实施，首先要有一个研学旅行课程建设指导方案，以引领并指导各类主题研学旅行课程的研发与实施，并逐步形成具有学校特色的研学旅行课程体系和研学旅行课程系列。从这个意义上讲，研学旅行课程背景分析有两种类型。一是学校研学旅行课程建设指导方案设计的背景分析；二是在此方案指导下，主题研学旅行课程设计的背景分析。这里，我们主要讲前者。学校研学旅行课程建设指导方案设计的背景分析主要考虑三个问题：一是为什么要设计研学旅行课程？即课程是基于什么样的现实需要和问题解决需要而提出的，这可以从国家、社会和学校层面进行分析。二是目前国内研学旅行课程研究与实施现状。三是对学校开展研学旅行课程的资源进行分析。这是我们学校研学旅行课程研发定向的依据。

(二)课程性质与特点分析

这一步要厘清"研""学""旅"三者之间的关系,界定研学旅行课程的性质与特点,帮助我们突破传统学科教学的惯性思维,对所设计的课程精准定位,避免出现旅游线路简单叠加的拼凑现象,保证课程设计的科学性和系统性。此步骤是研学旅行课程设计定性的依据。

(三)课程定位与价值取向

研学旅行课程形态非常丰富,因学校办学定位不同,学生的需求不同,设计的课程也有所不同。这一步帮助我们厘清:学校和学生发展需要的研学旅行课程是什么?课程的价值取向是什么?不同的价值取向决定不同的教育理念。这是制定课程目标的依据。同样的研学旅行课程,因为价值取向不同,其课程目标也不同。我们的观点是:研学旅行课程应以培养"研"的思维、行动和态度为核心需求。研学旅三者的关系可以用图1-2-2来表述。

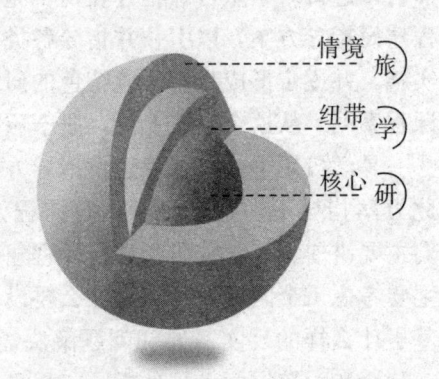

图 1-2-2

研：研是研学旅行课程的核心。它隐藏在"旅"的情境之中、"学"的过程之中。"研"其实是一种认识世界的思维和行为方式。就现代学科来看，"研"更多是来自西方文艺复兴之后，工业文明诞生时期的概念。西方文化中所谓"研"，具有"要素分析的、实证的、推论的、可复制的"等特点。而中国文化对探究世界有另一套系统。我们认为这套系统的特点是"基于经验的、过程的、整体的和系统的"。因此，研学旅行课程的"研"，既要训练学生借鉴西方文化的"研"的思维和行为模式，又要注意保护我们中华文明认知世界的思维特点。课程设计者需要"看见"与"理解"这两套系统的不同，并在课程设计中，通过合理的引导，使每个学生不同的个性特点和天赋能力被激发与唤醒从而开展具有独特性的"研"。

学：学是研学旅行课程的纽带。它把"旅"和"研"连接起来，并可以被描述成具体的、可操作、可检测的要求。"旅"要为实现教学目标提供情境，每个情境的设计应与"学"的要求相互联系。

旅：旅是研学旅行课程的外显形态。旅行基地或线路的主要功能，是提供一个"研学情境"。这个研学情境是围绕研学目标而设计的，最终服务于"研"，即发现问题、提出问题、研究问题、解决问题的思维、行为与态度。

（四）课程需求分析

不同的学校和学生群体的现状和需求是不同的，甚至同一所学校不同的学生群体的现状和需求也是不同的。对学生的现状和需求进行调查与分析，需要从四个维度来关注。

第一个维度：学生身体发展、认知发展和社会性发展。这主要帮助我们找到制定教学目标的理论依据，保证课程设计的科学性。

第二个维度：学校学科教学内容及要求。这主要解决学生在校学科知识所需的层级要求，保证研学旅行课程内容与学科教学内容的融合与互补。

第三个维度：跨学科纵横两轴维度的分析，主要解决课程设计的融通与整体性问题。

第四个维度：学生学习行为与态度分析，主要解决如何激发学生自发性探究和学习的兴趣、爱好与潜能这一问题。这个维度应该是研学旅行课程最核心的目标，是培养学生如何看待世界、发现世界、探究世界的思维、行为、态度与习惯的关键维度。

如果我们分别给初三和高三的学生设计一个研学旅行课程，按照这四个维度来思考的话，研学地点的选择可能相同，设计的目的和要求会不同。厘清课程需求之后，再进行课程方案设计，可保证课程效度，为实现课程目标提供保障。

（五）课程目标

课程目标的制定需要将课程置于学校人才培养战略之中来思考，围绕实现学校人才培养总目标对课程需求进行调查与分析。在此基础上分析满足课程需求所要面对的问题，再从如何解决问题的角度确定出课程的教学目标。课程设计依据课程目标来确定。如果一个课程不是以明晰的教学目标来设计，那么这个课程很难成为一个高质量的课程。这也是目前研学旅行活动难以深入的原因之一。在确定课程目标以后再进行研学旅行地点的选择，即带着目标选择研学地点，而不是根据旅游点来定课程目标，课程的针对性会变得更强，课程的效果也更有保障。

（六）课程方案设计

研学旅行课程设计与传统学科教学课程设计有所不同，需要讨论以下三个问题。

1. 关于课程设计主体

目前，研学旅行课程的开发渠道非常多元，有旅行社、校外教育培训机构、学校、政府旅游部门等。但课程研发的主体是谁？我们的观点是：研学旅行课程研发的主体应该是学校或教育研究机构。原因有二：其一，研学旅行课程不等于旅行，研学旅行如果仅是在一次旅行后完成一篇旅行作文或学习体会（即旅行社提供旅行线路，学校组织学生参加，完成一篇旅行记录或体会作业），我们认为这样形式的"研学旅行"只是一次旅行，尽管其间也能发生教育，但不是我们所理解的研学旅行课程。所以，研学旅行课程设计的第一步，需要以课程目标为指导，以实现教学目标为任务来开展，旅游景点仅作为一种课程资源服从于课程目标。其二，不同的地区或学校，以及同一所学校不同学生的现状和需求是不同的。要保证每一个研学旅行课程能够服务不同的学生群体，学校和教育研究机构具备把控学生现状与需求以及开展课程设计的专业背景，这是保证研学旅行课程质量的关键。恰当的步骤应该是学校或教育研究机构根据学生需求和教学目标，将研学旅行课程设计好后，与旅游部门对接实施。

2. 关于研学旅行地点的选择

研学旅行课程是在真实的情境中开展的。研学旅行活动基地或线路的选择，本质上就是在建构研学环境。所谓研学环境建构，是将研学地点客观导向的知识和研学者行动导向的知识，进行关联分析，创设一种满足研学者能力差异的包含问题的任务与情境；提供一种包括情感体验在内的综合性学习活动，使学习活动过程中的"头脑与肢体工作动态并存"[①]；将"想法、知识和行动同具体的情境相匹配"[②]，克服纯粹认知活动的缺陷。因此，研学旅行基地选择的思路和方法是带着课程目标对研学地点进行深入的研究分析和评估。这种研究与分析是要确定这个研学旅行基地是否具有实现课程目标的内容与资源要素。我们选择"都江堰水利工程"作为"科学与人文"主题研学旅行基地，正是在分析评估的过程中，确定了都江堰研学旅行课程的学习内容、学习流程以及学习方式。

3. 关于课程方案设计

在这里将课程方案设计列为一个问题来讨论，是想表达研学旅行课程设计工作步骤先后顺序的重要性。课程设计方案其实更偏于技术层面，一个课程方案的最终呈现可能只是几页文字稿，但却是课程设计团队的教育理念、价值取向、专业理论、职业能力与修养的体现。要设计好一个课程，功夫在课程方案的背后。我们在设计"都江堰水利工程中的科学与人文"研学旅行课程时，课程方案设计前期的思考、调查分析、评估与论证的工作量，大约占到了整个方案设计工作量的三分之二。

（七）学习方式设计

在选择研学旅行课程的学习方式时，我们认为可以从以下两个方面来思考。

[①] 希尔伯特·迈尔. 课堂教学方法（实践篇）[M]. 冯晓春，金立成，译. 上海：华东师范大学出版社，2011：353.

[②] 格兰特·威金斯，杰伊·麦克泰格. 追求理解的教学设计 [M]. 2版. 闫寒冰，宋雪莲，赖平，译. 上海：华东师范大学出版社，2017：105.

第一章　研学旅行课程研发的意义与基本思路

1. 遵循什么样的教育思想来指导

研学旅行课程开发和指导团队如何理解研学旅行课程，如何理解"旅""学""研"，如何预设研学旅行课程能为学生带来什么，决定了研学指导的行为。我们倾向于用建构的思路来设计，关注学生在开展基于情境的研究性学习、解决"真实问题"时需要什么样的知识、技能和心态，教师需要扮演什么样的角色。我们主张在学生研学旅行过程中，教师是参与者、合作者与陪伴者，师生"同行、同伴、同成长"。在此理念下，情境学习、合作学习、体验式学习、参与式学习、探究式学习等，都可以为我们所选择，并依据不同的研学情境和活动要求，选择适配的、具体的学习方式。

2. 遵循什么样的学理来指导

不同的研学旅行课程可以有不同的学理作指导。"都江堰水利工程中的科学与人文"研学旅行课程遵循认知心理学的"环境—认知—行为—习惯—发展"的学理。依据这样的学理设计的研学旅行学习环节主要包括四个部分：

（1）体验。在情境中学生体验到什么？

（2）感知。在体验中学生感知到什么？

（3）反思。学生通过体验与感知，建构自己的认知。此环节上升到认知层面。

（4）应用。对获得的新经验进行实践应用，强化认知与行为。

"体验""感知""反思""应用"是学生自主建构学习的认知模型，以上过程形成一个闭环。每完成一个闭环后，进入下一个循环，且呈螺旋上升形态。具体的课程因课程目标不同，在"反思"与"应用"两个环节也有变化。比如"从体验到认知所获得的新经验应用课程"与"探究式学习思维与行为训练的课程",课程训练目标不同,选择"反思"与"应用"的点也有所不同(图1-2-3)。其目的是促进学生认知、态度、情感和行为的建构。

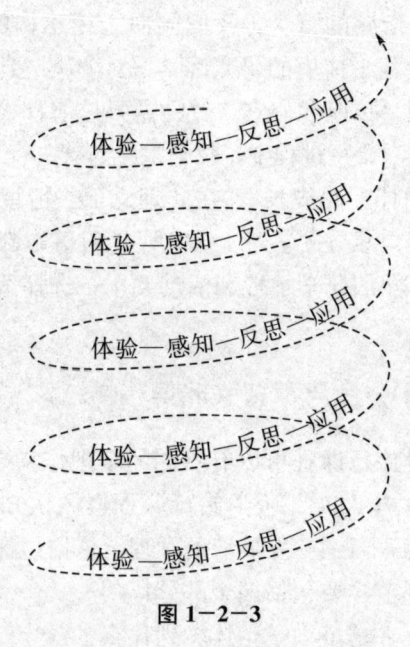

体验—感知—反思—应用
体验—感知—反思—应用
体验—感知—反思—应用
体验—感知—反思—应用
体验—感知—反思—应用

图 1-2-3

（八）组织与管理

研学旅行课程与传统学科教学课程在组织与管理上有所不同。传统学科教学组织形式在基础教育阶段的学校中,通常按学科、教研室进行分学科组织管理。这种组织形式在学校内部形成了一套完整而系统的工作机制。但是,研学旅行课程是相对于学校原有课程体系以外的新的课程。如果我们只是将研学旅行课程定位为课外活动,依托旅行社组织一次旅游活动,让学生完成一篇旅行体会作业,那么,其组织与管理在学校现有的体系中不难操作。

但是，如果我们的课程定位是研究性学习的研学旅行课程，那么在教学与组织管理方面会面临许多问题，诸如课程牵头领导、管理干部配置、课程研发、教学执行、后勤保障、校内跨学科教师的调度与组织、校外师资和教学场地等资源协调与整合等。大量的组织工作超出了原有的组织管理系统。因此，在研究性研学旅行课程开发与组织管理上，需要考虑以下三个方面的问题。

1. 组 织

在保持学校原有组织系统秩序的前提下，为了保障课程从研发、实施到结束后相关事务的有效运行，可以以项目制的方式进行组织与管理：以一个研学旅行课程为一个项目，以项目的形式从学校层面来整合校内外资源。形成相对独立和灵活的教学管理组织体系，保证组织在工作目标、行动上的高度统一，在资源调配与保障上的灵活多样，为课程实施提供组织保障。

研学旅行项目组织结构示意见图1-2-4。

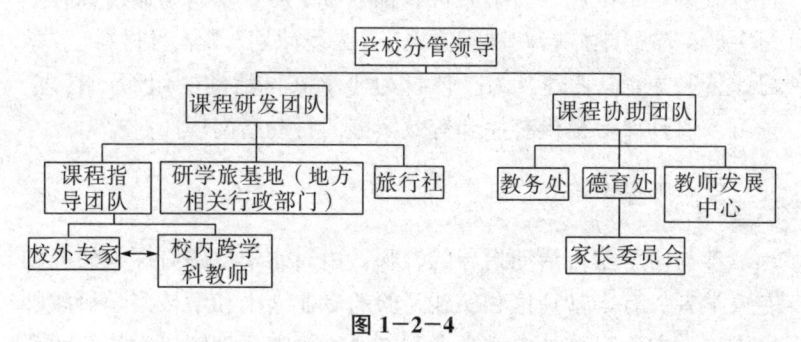

图1-2-4

（1）学校分管领导：代表学校协调校内外工作，为项目实施提供组织支持。

（2）课程研发团队：由教务部门负责人、课程专家、骨干教师3~4人组成，主要依据学校研学旅行课程建设指导方案设计课程方案，包括确定研学主题和目标，联系研学旅行基地，确定校内外指导教师，研发课程内容，设计学习及评价方式，设计研学旅行成果呈现方式，联系旅行社，组织研学旅行活动，并进行活动全程统筹。

（3）课程协助团队：教务处主要是协调教学时间，调配指导教师，协调学生研学旅行成果展示和推广活动。德育处主要是参与学生研学旅行活动的教育管理，与家长委员会协调。教师发展中心主要是对教师参与研学旅行活动指导效果进行评估，激励在学生课题研究指导中形成的跨学科教师团队，进一步开展基于研学旅行课程和学科课程相融合的研究；通过学习研究，弥补教师的知识缺陷，促进教师专业发展。

2. 课程管理

研学旅行课程的管理，需要从课程目标出发思考研学方法与策略、教师的指导行为以及学生在研学中的位置。研学管理的一种有效策略是设计《研学旅行课程学习手册》。《研学旅行课程学习手册》融研学旅行"课程方案""课程计划""学习材料""学习评价""组织管理"为一体，为研学旅行活动的组织、管理、学习、后勤保障提供有序和有效实施的行动指南。

3. 师资队伍

参与研学旅行活动指导的教师，由对研学主题有深入研究的专家学者、有丰富理论和实践经验的专业人士和学校多学科教师组成。一方面，校外专家学者和专业人士需要理解研学旅行的意图和指导要求，能配合学校达成活动目标；另一方面，学校教师需要"跳出"学科教学的原有经验，在真实的、跨学科的、综合的现实情境中指导学生观察、发现，和学生一道去解释现象后面的科学与技术原理，指导学生发现问题、提出问题、研究问题、解决问题。这对教师是极大的挑战，但也是教师学习的一个重要机会。而课程研发团队的队伍建设工作，就是引领教师团队，在做中学、学中做，在指导学生研学旅行的过程中，不断提升自己的学科素养和综合能力，与学生同成长。

（九）资源开发

一个研学旅行课程的实施是在学校以外的情境中完成的，因研学旅行主题设计的不同，涉及的资源开发与整合的内容也不同，主要包括政府资源、社会组织和企业资源、专家资源、朋辈资源等。

1. 政府资源

政府资源包括各种地方管理部门、文化与科技研究部门等，比如地方博物馆、文化遗址、自然与文化遗产地、各类景区、地方图书馆、科研院所等，有的本来就是国家级或省市级研学旅行基地。例如，成都市都江堰景区在2018年就被教育部列为中小学研学基地。除景区外，文史研究所、地方图书馆等也拥有相当丰富的学习资源。因此，充分与政府相关管理部门沟通，有效利用政府资源，既可以提高研学旅行课程的学习质量，也为地方政府宣传、推广地方文化与旅游项目提供了支持。

2. 社会资源

社会资源包括文化、科技、医疗、金融等企业，各类大学、社会团体与民间组织等。各种资源的整合会拓展研学旅行课程研发的视野。比如，学校设计与实施的"走进成都"主题研学旅行课程的子课程分别为"成都的历史与文化""成都的社会与经济""成都的科技与未来"。而在"成都的历史与文化"子课程中，又细分为"成都的街区""成都的水系""成都的美食""成都的诗歌"……实际上，在每一个课程下，都可以开发很多分支项目，也可以更多地链接各类社会资源。

3. 专家资源

专家资源主要指本校师资以外，为课程提供指导的各类专家学者和专业人士。根据研学旅行课程内容，在师资的组成上突破校际约束，实现跨行业、跨领域、跨学科的整合，有助于提升研学旅行课程的教学品质，让学生体验与感受不同背景的人所拥有的不同的知识和思维方式。

4. 朋辈资源

朋辈资源整合包括两个方面：一是同一研学旅行班级同伴资源的整合，即在班级内部设计同伴相互学习与探讨问题的教学情境，促进同伴之间的智力、情感、态度与行为的经验共享和相互启发性学习。二是研学旅行班级以外的同伴资源整合。整合国内外不同学校的学生资源参与研学旅行课程，组成混合研学旅行小组，形成更为多元的朋辈学习。

总之，研学旅行课程资源的开发，既要依据研学旅行主题的需要，也要有更为宽阔的视野。

（十）课程评估

不同的课程性质需要匹配不同的评估方式。基于研学旅行课程的行动主导性特点，通常可以采用过程性与终结性评估，自评、互评、教师评相结合的方式。这种评估形式要以研学旅行活动过程的结构性和严谨性为前提。

学校研学旅行课程研发与实践的"十步法"，是根据我们对研学旅行课程的思考、研究、探索与实践而形成的。在具体的研学旅行主题课程中，我们主要采用《研学旅行课程学习手册》对上述思考与研究进行综合表达。

第二章

学校研学旅行课程设计与实施案例

在研学旅行活动中，如何引导学生通过科学的、有结构的活动，在"旅"中去感悟和体验，在反思中去"学"，在合作交流和思维碰撞中突破思维局限，开展"研"？如何引导学生在开放的学习环境中实现从"他律"到"自律"？本章我们将呈现一份真实的"都江堰水利工程中的科学与人文"主题研学旅行课程的学习手册，并将其作为研究案例，开展更为深入的剖析与反思。

"都江堰水利工程中的科学与人文"学习手册

目　录

致同学 ………………………………………………………… ××
一、课程团队 ………………………………………………… ××
二、课程方案 ………………………………………………… ××
　　（一）课程目标 …………………………………………… ××
　　（二）课程内容 …………………………………………… ××
　　（三）课程实施 …………………………………………… ××
　　（四）课程评价 …………………………………………… ××
三、课程计划 ………………………………………………… ××
四、学习指南 ………………………………………………… ××
　　（一）研学准备 …………………………………………… ××
　　（二）实地考察 …………………………………………… ××
　　（三）探索与发现 ………………………………………… ××
　　（四）研究与表达 ………………………………………… ××
　　（五）生涯探索 …………………………………………… ××
五、生活指南 ………………………………………………… ××
　　（一）学习纪律 …………………………………………… ××
　　（二）生活用品 …………………………………………… ××
　　（三）宿舍管理 …………………………………………… ××
　　（四）温馨提示 …………………………………………… ××
　　（五）紧急电话 …………………………………………… ××
　　（六）住宿地址 …………………………………………… ××
六、应急预案 ………………………………………………… ××
　　（一）指导思想 …………………………………………… ××
　　（二）预案范围 …………………………………………… ××

（三）突发事件领导小组成员 …………………………… ××
（四）事故报送 …………………………………………… ××
（五）各类突发事件的应急救援程序 …………………… ××

　　注：限于篇幅，我们将学习手册中的学生活动相关表格作了压缩处理。

致 同 学

亲爱的同学：

当你读到这些文字时，你的"都江堰水利工程的科学与人文"主题研学旅行就要开始了。

古人云："读万卷书，行万里路。"

古有孔子周游列国，考察风土人情，宣扬礼乐文化；李白、杜甫游历祖国名川大山，感受天地灵气，领悟人生至道。今有陶行知组织"新旅"，践行"知行合一"，弘扬爱国教育，开拓研学风潮。

从古至今，人们从未停歇过行万里路的脚步，或探索自然风光，或探索社会哲学，或只身出发，或结伴而行，但不变的是对自然的欣赏、对知识的渴望和对生命的探索。

而今天，研学旅行在继承，也在开拓和创新。它不再是名人学士的专属，不再需要艰难辛苦的跋涉。它已经成为一种学习途径和生活方式，变得更加普及方便、更加丰富多彩。

近年来，国务院、教育部明确提出，研学旅行是基础教育课程体系中综合实践活动课程的重要部分，希望通过研学旅行培养你们的生活技能、集体观念、创新精神和实践能力，激发你们对党、对国家、对人民的热爱之情，引导你们融合书本知识和生活经验，收获成长和快乐，帮助你们将世界作课堂，以旅行得成长，成为有知识、有见识的社会主义接班人。

亲爱的孩子，在接下来的研学旅行途中，你将追寻时光的脚步，拜水都江堰，探寻天府源；你将触摸一颗诞生于两千多年前，至今仍灌溉着天府平原的水利明珠；你将置身一片清朗澄澈、仁慈智慧的精神世界；你将阅读一本生机蓬勃、波涌浪叠的生命之书。

"纸上得来终觉浅，绝知此事要躬行。"那么，希望你尝试：

用独特的视角看待未知世界,携探索精神穿越历史长河,凭智慧头脑拓展知识和视野,以敬畏之心感悟传统与文明。愿你"研有所思,学有所获,旅有所感,行有所成",祝你享受旅途,收获成长!

成都市实外西区学校

2020 年 5 月

第二章 学校研学旅行课程设计与实施案例

一、课程团队

课程顾问：肖明华　校长、党委书记、特级教师
　　　　　曾　群　副校长
　　　　　杨家辉　校长助理
　　　　　吴兆辉　校长助理
　　　　　王建强　校长助理、特级教师
课程策划：文　丽　学生心理发展与辅导中心特聘教师
　　　　　张晓霞　成都大学教授
　　　　　赵远平　初中部主任
　　　　　黄小波　初中部副主任
课程设计：文　丽　张晓霞　黄小波
项目负责：黄小波　外语教师
指导教师：陈伊婷　语文教师
　　　　　钟　棋　数学教师
　　　　　陈合飞　历史教师
　　　　　邓仕举　地理教师
　　　　　吴朝江　生物教师、教研组组长
　　　　　肖　鹏　美术教师、教研组组长
　　　　　林　苗　美术教师
　　　　　文登钰　心理学教师
　　　　　覃　秦　都江堰市文化、体育和旅游局（图书情报）
　　　　　傅　浩　都江堰市文化、体育和旅游局（考古）
　　　　　庞慧萍　四川国际标榜职业学院副研究员、图书馆副馆长
　　　　　夏　杰　科技史学者
支持单位：都江堰市文化、体育和旅游局
　　　　　都江堰市图书馆

二、课程方案

都江堰水利工程拥有 2000 多年的历史,是人类文明的伟大创举。都江堰水利工程不仅涵盖了丰富的数学、物理学、地理学、天文学、历史学、考古学、生态学、管理学、社会学、宗教学、哲学、语言文学等科学与人文知识,也蕴含了人类文明创造中属于中华民族的独特思想智慧,是学生开展研学旅行的物质和精神宝库,更是面向未来,培养具有文化自信与国际视野人才、创新中华文化之世界表达的活态课堂。

(一)课程目标

觉察科学与人文知识在人类生活中的真实呈现,感知中华文化在人类文明创造中独特的哲学视角与生命智慧,领略不同学科在构建人类文明中的独特魅力。提高学科知识的学习兴趣,培养学生将学科知识与生活实践结合的意识,建立学习与未来生涯发展的关联性思考。培养学生对自然、人类生活的观察、探究、表达的意识和能力。

(二)课程内容

1. 课程模块

本课程以"都江堰水利工程中的科学与人文"为主题,主要包括"研学准备""实地考察""探索与发现""研究与表达""生涯探索"五个学习模块,80 学时。

"都江堰水利工程中的科学与人文"课程模块

模块	学习形式	学习内容	学习目标	学时
研学准备	开营动员 专家讲座 朋辈案例分享 指导教师培训	1. 介绍学习目的意义与研学旅行要求 2. 小课题研究的基本方法 3. 文献检索的基本方法 4. 朋辈小课题研究案例分享 5. 资料查询，学习准备	明确课程性质、目标与任务，理解课程学习方法，学习前的准备事项	8
实地考察	参观考察	1. 考察都江堰水利工程的地理特点 2. 考察都江堰水利工程的结构与功能 3. 考察成都平原史前城址·芒城遗址	体验与感知事物的能力	12
探索与发现	主题讲座 参与式讨论	1. 都江堰水利工程中的科学与人文 2. 思考古蜀国的历史与都江堰的关系	反思与提出问题的能力	8
研究与表达	导师指导 合作研究	1. 构建合作研究团队 2. 研究课题选择与研究计划制定 3. 研究课题交流与评审 4. 开展课题研究 5. 撰写研究报告或制作研究作品 6. 研究成果呈现与展示 7. 研学旅行资料收集与整理	发现与解决问题的能力、表达与分享能力、团队合作能力	48
生涯探索	教师指导 个人作业	反思和建构当下学习与未来发展的关联，撰写《我的未来故事》	个人兴趣特点探索、新经验运用、撰写个人生涯故事	4

2. 课程内容之间关系与学理

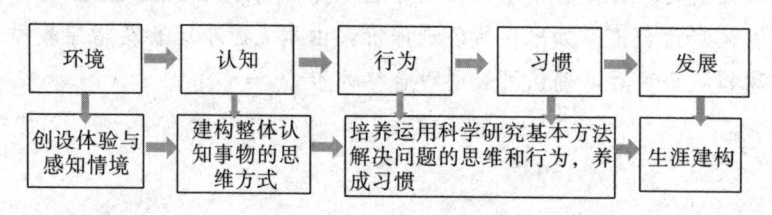

环境 → 认知 → 行为 → 习惯 → 发展

创设体验与感知情境 → 建构整体认知事物的思维方式 → 培养运用科学研究基本方法解决问题的思维和行为，养成习惯 → 生涯建构

(三) 课程实施

课程适用范围："都江堰水利工程中的科学与人文"研学旅行课程适合初中、高中阶段学生研学旅行选用，可以利用暑假或升学间隙时间开展，实施周期约一个月。

课程教学方式：本课程主要采用体验式、参与式和研究性学习方式展开学习。

课程教学组织：本课程按"行政组"和"合作研究组"对学生的学习过程进行管理。"行政组"由课程领队划分，旨在对课程实施过程中的常规活动与纪律进行管理；"合作研究组"由有共同研究兴趣和研究话题的学生自由组合，并自主选择和邀请相应学科的指导教师参加指导。

课程学习用具：本课程需要准备智能手机、平板电脑/笔记本电脑、笔等学习用具。

(四) 课程评价

本课程采用过程性评价和终结性评价结合，自评、互评和指导教师评价结合的方式，对学生的学习效果进行评价。学生完成本课程学习任务（包括研究准备、实地考察、学习交流、设计课题研究计划、撰写课题研究报告或制作研究作品、记录学习体会、撰写学习总结、展示研究成果等），学习纪律和安全考核合格（出勤不低于 76 学时），可获得由学校颁发的研学旅行课程结业证。

评价方法：本课程合格评价按照"优、良、合格、待改进"四级进行。自评、小组评、指导教师评价均达到合格及以上，可以认定为合格。如出现待改进评价，由本人、小组长及指导教师和领队合议后，确认可否通过合格评价。

第二章 学校研学旅行课程设计与实施案例

研学合格评价表

评价主体	学习纪律	完成小组任务	完成研学作业	完成课题研究	签字
自评					
小组评					
指导教师评价					

2020 年都江堰研学旅行行政组名单

第一组		第二组		第三组		第四组	
指导教师：		指导教师：		指导教师：		指导教师：	
组长：		组长：		组长：		组长：	
姓名	性别	姓名	性别	姓名	性别	姓名	性别

三、课程计划

课程计划表

日期	时间	内　容	主讲/领队/负责人	地点
5月17日	8：00—8：30	研学准备 【活动一】开营仪式 1. 研学动员 2. 手册解读 3. 分组指导	校领导 文丽 全体指导教师	麓山音乐厅
	8：30—11：30	【活动二】小课题研究基本方法 4. 主题讲座：小课题研究的基本方法 5. 视频连线：朋辈小课题研究案例分享 6. 主题讲座：文献检索的基本方法	夏杰 庞慧平	麓山音乐厅
	14：30—17：00	【活动三】资料查询 7. 自主活动：文献检索与资料收集 主题：都江堰水利工程中的科学与人文	自学	各组教室

35

续表

日期	时间	内容	主讲/领队/负责人	地点
5月18日	8：00	学校校门集合，前往都江堰	黄小波 旅行社	
	9：30—12：00	实地考察 【活动一】实地考察宝瓶口、飞沙堰和鱼嘴 【活动二】观看都江堰水利工程科教片	文丽 指导教师	都江堰景区
	12：00—13：30	午餐、午休，酒店大厅集中上车	黄小波 旅行社	都江堰景区
	13：30—17：00	【活动三】实地考察二王庙	文丽	都江堰景区
	18：00—19：00	晚餐	旅行社	酒店宴会厅
	19：30—21：00	【小组讨论与分享】研学讨论与分享	指导教师	酒店会议室
	22：00	就寝	指导教师	酒店
5月19日	7：30	起床	指导教师	酒店
	8：00—8：30	早餐，酒店大厅集中上车	指导教师	酒店早餐厅
	8：30—12：00	【活动四】考察成都平原史前城址·芒城遗址	傅浩	芒城遗址
	12：00—13：30	午餐、午休	指导教师	
	13：30—15：30	探索与发现 【活动一】 主题讲座：古蜀国的历史与考古发现	傅浩	成都皮影艺术博物馆
	15：30—17：00	互动体验：成都非物质文化遗产项目——皮影	皮影馆导师	
	18：00—19：00	晚餐	旅行社	酒店宴会厅
	19：30—21：00	【小组讨论与分享】研学讨论与分享	指导教师	酒店会议室
	22：00	就寝	指导教师	酒店

第二章　学校研学旅行课程设计与实施案例

续表

日期	时间	内容	主讲/领队/负责人	地点
5月20日	7：30	起床	指导教师	酒店
	8：00—8：30	早餐	指导教师	酒店早餐厅
	9：00—12：00	【活动二】 主题讲座：都江堰水利工程中的科学与人文	文丽	酒店会议室
	12：00—13：30	午餐、午休，酒店大厅集中上车	旅行社	酒店
	13：30—14：00	乘车至都江堰市图书馆	旅行社	
	14：00—14：40	研究与表达 【活动一】 主题讲座：如何使用图书馆	覃琴	都江堰图书馆
	14：40—17：30	【活动二】 资料查询：根据研究兴趣分组查询资料	图书馆导师 指导教师	都江堰图书馆
	18：00	晚餐	旅行社	酒店
	19：00—21：00	【活动三】小课题研究选题 【活动四】组建研究团队并讨论小课题研究思路 【活动五】小课题研究思路交流	文丽 指导教师	酒店
	22：00	就寝	指导教师	酒店
5月21日	7：30	起床	指导教师	酒店
	8：00—8：30	早餐	指导教师	酒店早餐厅
	8：30—9：00	乘车前往都江堰市图书馆	黄小波	都江堰图书馆
	9：00—12：00	资料查询：各课题组收集查询资料	领队 指导教师	都江堰图书馆
	12：00	午餐	旅行社	酒店
	13：00	在图书馆大门乘车，返回学校	旅行社	
5月22日—6月9日		【活动六】小课题研究与研究报告撰写 1. 制订小课题研究计划 2. 研究计划评审及指导教师分工跟进指导 3. 各课题组开展课题研究 4. 撰写课题研究报告 5. 制作课题研究报告PPT（10分钟） 6. 整理并汇编研学过程记录资料	组长 指导教师	

续表

日期	时间	内 容	主讲/领队/负责人	地点
6月10日	19：00—20：30	【活动七】研学旅行课程成果汇报 1. 活动总结视频 2. 研究小组汇报	学校部分师生及家长	麓山多功能厅
6月11日	13：00—14：30	生涯探索 【活动一】兴趣探索 【活动二】撰写《我的未来故事》	文丽	本班教室
备注	完成研学任务，通过合格评估后，由学校颁发研学课程学习结业证			

四、学习指南

（一）研学准备

【活动一】开营仪式

活动目标：明确课程性质、目标、任务与课程学习方法

活动地点：学校麓山音乐厅

活动时间：2020年5月17日8：00—8：30

准备活动记录（1）

```
活动笔记：




思考题：
1. 你参加研学旅行课程动员前是如何理解这次研学旅行活动的？参加开
营动员后，你对这次活动又有什么不同的想法？




2. 此次活动你需要做一些什么样的准备？
```

【活动二】小课题研究的基本方法

活动目标：培养发现与研究问题的能力

活动形式：专家讲座、朋辈学习

活动地点：学校麓山音乐厅

活动时间：2020年5月17日8：30—11：30

活动流程：

1. 主题讲座：小课题研究的基本方法。
2. 案例分享：朋辈小课题研究案例分享。
3. 主题讲座：文献检索的基本方法。

准备活动记录（2）

讲座笔记：

思考题：
1. 小课题研究与旅行游记、心得体会的区别是什么？

2. 在做课题研究时，为什么需要先进行文献检索？

3. 文献检索对于研究选题与撰写研究报告有怎样的影响？

【活动三】资料查询

活动任务：文献检索与资料收集

活动地点：教室、计算机房

活动时间：2020 年 5 月 17 日 14：30—17：00

活动笔记：

（二）实地考察

研学主题：都江堰水利工程的地理特点、结构与功能

研学目标：感知都江堰水利工作中的科学与人文知识

研学地点：都江堰景区

研学时间：2020年5月18日 9：30—17：00

【活动一】实地考察宝瓶口、飞沙堰和鱼嘴

实地考察记录（1）

1. 当你在实地考察并听完专家对宝瓶口的讲述后，你的感受是什么？你如何理解宝瓶口？你对此有什么疑惑与好奇吗？请填写在下面：

2. 当你在实地考察并听完专家对飞沙堰的讲述后，你的感受是什么？你如何理解飞沙堰？你对此有什么疑惑与好奇吗？请填写在下面：

3. 当你实地考察并听完专家对鱼嘴的讲述后，你的感受是什么？你如何理解鱼嘴？你对此有什么疑惑与好奇吗？请填写在下面：

【活动二】观看都江堰水利工程科教片

实地考察记录（2）

当你观看了都江堰水利工程科教片后，你的总体感受是什么？现在你如何理解都江堰水利工程？请记录。

【活动三】实地考察二王庙

实地考察记录（3）

当你实地考察了二王庙后，对于石刻中关于都江堰水利工程管理与维护所遵循的原则和方法，你有什么感受？你想到了什么？

【小组讨论与分享】

研学目标：交流和分享考察心得

活动地点：酒店会议室

活动时间：2020年5月18日19:30—21:00

活动过程：

1. 学习分组：报数分组，每组选举一名主持人、记录人、发言人。

2. 小组交流：每位同学分享考察心得，记录人记录发言人的主要观点和感兴趣的问题。

3. 班级交流：小组发言人向全班分享本小组的主要观点和感兴趣的问题。

4. 指导教师点评。

小组讨论记录

【活动四】实地考察成都平原史前城址·芒城遗址
研学目标：培养学生看问题的时空思维
活动地点：芒城遗址
活动时间：2020 年 5 月 19 日 8：30—12：00

实地考察记录（4）

1. 当你实地考察完芒城遗址后，你有什么感受？请记录。

2. 芒城遗址让你联想到了什么？

3. 你对芒城遗址有什么疑惑与好奇吗？

（三）探索与发现

研学主题：都江堰水利工程中的科学与人文

研学目标：探讨都江堰水利工程中的科学与人文

研学形式：主题报告、师生对话、小组讨论

【活动一】主题讲座：古蜀国的历史与考古发现

研学地点：成都皮影艺术博物馆

研学时间：2020年5月19日 13：30—15：30

探索与发现活动记录（1）

> 讲座笔记：
>
>
> 思考题：听完讲座以后，你有什么感受？根据古蜀国的历史与考古发现，你如何看待都江堰水利工程与古蜀国的关系？

【活动二】主题讲座：都江堰水利工程中的科学与人文

研学地点：酒店会议室

研学时间：2021年5月20日 9：00—12：00

活动过程：

【体验与感知】

1. 学习分组：报数分组，每组选举一名主持人、记录人、发言人。

2. 个人作业：思考并回答下列问题。

3. 小组分享：每位同学分享思考的问题，记录人记录发言人的主要观点和感兴趣的问题。

4. 班级交流：小组发言人向全班分享本小组的主要观点和

感兴趣的问题。

(1) 请结合第一天实地考察都江堰的感受和作业记录,画一张图来代表你所理解的都江堰。注意:这不是绘画比赛,也没有标准答案,请自由想象,独立完成。

(2) 完成作画后,请你写出作画的理由:为什么用这幅画代表你所理解的都江堰?

(3) 请从你的画作和解释中找出一个你觉得有意思的问题并把它记录在下面。

【思考与发现】

1. 个人作业:思考并回答下列问题。

2. 小组讨论:请每位同学在组内分享你的答案,记录人记录并汇总本组答案。

3. 班级分享:请各小组发言人将本小组答案统计结果向全班分享。

> 当老师给出一个字——"水"时，你想到了什么？请记录在下面：

【主题讲座要点】
- 从文字"水"理解都江堰建堰的思维
- 选址与空间关系
- 结构与空间关系
- 与古蜀国的关系
- 管理思维的特点
- 宗教与哲学视角

探索与发现活动记录（2）

> 思考题：听完讲座以后，你有什么感受？你对都江堰有哪些新的认识？

（四）研究与表达

　　研学主题：小课题研究选题、计划制订、合作研究、报告撰写

　　研学形式：主题讲座、小组合作、访谈、调查、实验等

　　研学时间：2020年5月20日—6月1日

【活动一】主题讲座：如何使用图书馆

研学地点：都江堰市图书馆

研学时间：2020 年 5 月 20 日 14：00—14：40

研究与表达活动记录（1）

讲座笔记：

思考题：
1. 图书馆是如何进行图书馆藏分类的？

2. 图书馆中地方文献馆在地方文化研究中如何使用呢？

【活动二】资料查询：根据研究兴趣分组查询资料

研究与表达活动记录（2）

【活动三】小课题研究选题

研学地点：酒店会议室

研学时间：2020 年 5 月 20 日 19：00—21：00

请结合本次研学感悟和思考，参考下列小课题研究方向建议清单，提出你最感兴趣的研学问题。

小课题研究方向建议清单

序号	研究方向
1	都江堰之发现数学之美
2	都江堰之发现物理学之奥
3	都江堰之发现化学之玄
4	都江堰之发现地理与人类依存
5	都江堰之发现生态与生活之思考
6	都江堰之发现古蜀国的秘密
7	都江堰之发现历史的昨天与今天
8	都江堰之发现中国语言文学之美
9	都江堰之发现管理的大智慧
10	都江堰之发现道家哲学的生命智慧
11	都江堰之站在一隅的世界表达

研究与表达活动记录（3）

1. 你想研究的内容：

2. 你打算如何研究：

3. 就研究话题所涉及的问题，咨询指导教师和专家。

【活动四】组建研究团队并讨论小课题研究思路

1. 交流自己感兴趣的课题，按兴趣分项，自由组建研究小组或独立研究。

2. 在指导教师的指导下，确定研究课题，撰写小课题研究思路图（思维导图）。

都江堰研学旅行小课题研究计划（提纲）

课题名称				
课题负责人			课题指导教师	备注
研究团队	姓名	性别	分工	
研究思路				

【活动五】小课题研究思路交流

1. 小组交流小课题研究基本思路。
2. 教师团队点评与指导。
3. 研学活动总结。

研究与表达活动记录（4）

49

【活动六】小课题研究与研究报告撰写

研究时间：2020年5月22—6月9日

1. 各小组查阅资料，制订研究计划。

2. 按时提交小课题研究计划，指导教师团队评审、分工，全程跟进指导。

3. 各课题组开展课题研究。

4. 撰写课题研究报告（建议按照研究报告主笔、PPT制作、研究汇报交流、资料收集汇编等任务进行分工）。

5. 制作课题报告PPT。

6. 整理并汇编研学过程记录资料。

都江堰研学旅行课程小课题研究计划

课题名称					
课题负责人			指导教师		
课题团队	姓名	性别	分工		
研究目标					
研究内容					
研究方法					
研究步骤					
成果形式					
参考资料					
起始时间					
经费预算					

【活动七】研学旅行课程成果汇报

1. 全体参研同学合作制作本次活动总结视频（8 分钟）。
2. 分研究小组进行研究成果汇报。
3. 推选优秀研究作品，进行全校展示汇报。

【研究过程记录示例】

小课题研讨纪要

会议时间		会议地点	
主持人		记录人	
参会人员			
会记纪要			

【研究报告模板】

成都实外西区学校研学旅行课题研究报告

报告题目（黑体，三号）

研究项目：

指导教师：

　　摘要（简单扼要地说明研究目的、主要材料和方法、研究结果、结论、科学意义或应用价值等。字体：宋体。字号：小四。300~500 字）。

　　关键词（供检索用的主题词条。应采用能覆盖文章主要内容的通用技术词条。一般列 3~5 个，按词条的外延层次从大到小排列，并应在摘要中出现）。

　　正文［正文可按五级标题进行标注：一级标题为"一、"，二级标题为"（一）"，三级标题为"1."，四级标题为"（1）"，五级标题为"①"。字体：宋体。字号：小四。2500~3000 字］。

　　参考文献（黑体，居中，小三号）。参考文献的著录，按照文章中应用顺序排列。字体：宋体。字号：五号。文献类型标志参考国家标准（另附）。

（五）生涯探索

研学主题：生涯探索

研学目标：
1. 觉察自己的兴趣特点。
2. 反思与建构自身学习与未来发展的关联。
3. 预期自己未来学习与生活发展的方向。

活动形式：体验式学习

活动地点：本班教室

活动时间：2021年6月11日 13：00—14：30

【活动一】兴趣探索

生涯探索活动记录（1）

【活动二】撰写《我的未来故事》

我的未来故事

五、生活指南

（一）学习纪律

（1）注意仪容仪表，穿校服，统一佩戴学校标识，举止文明。

（2）遵守作息规定，不迟到，不早退，不缺席。按时起床、就餐、就寝，若有特殊事宜，须出具假条向指导教师请假。研学活动应提前5分钟到集中场所，小组组长和指导教师清点人数。

（3）尊重指导教师，尊重同学。认真参与互动交流，高质量完成研学作业。

（4）在图书馆查阅资料时，应保持安静。

（5）学习过程中必须佩戴口罩并按规定出示健康码。

（6）行程中必须服从命令听指挥，乘车时固定坐同一辆车及同一座位。

（7）遵守手机使用规则，午间和晚间休息时将手机交指导教师统一管理。

（8）研学期间无故迟到或早退累计3次计1次旷课，旷课累计4次（或4学时），成绩记为不合格。

（二）生活用品

本次学习需准备口罩、牙刷、牙膏、毛巾、眼镜、个人护肤品、防晒霜、换洗衣裤和袜子等。

（三）宿管负责

黄小波总领队及各组指导教师。

（四）温馨提示

（1）请按照指定房间住宿，不得随意更换房间。

（2）请使用指定的卧具，发现卧具有问题及时报告指导教师，不得随意交换或动用其他床位上的卧具。

(3) 请妥善保管好自己的贵重物品，保管好房间钥匙。

(4) 住宿期间 24 小时供电、供热水。外出学习务必锁门，以免造成财物损失。

(5) 住宿期间保持房间卫生。

（五）紧急电话

都江堰市报警电话：110

研学旅行领队及电话：××××

旅行社联系人及电话：××××

全程陪同导游及电话：××××

（六）住宿地址

都江堰××酒店

地址：都江堰市路××号

交通地图：××

六、应急预案

为了及时、有序地处理在研学过程中发生的重特大事故，切实保护参研学生的生命财产安全，制定本预案。

（一）指导思想

坚持"安全第一、预防为主"的工作方针和以人为本的指导思想，切实抓好研学安全与健康管理工作。对在研学过程中突发的重特大事故及时报案、保护现场、实施抢救、快速处置，把事故伤亡人数、财产损失降到最低限度，做好善后工作，维护学校稳定。

（二）预案范围

本预案适用于在本次研学所组织的各类活动中突然发生的造成或者可能造成人身安全和财物损失的安全事故，包括：

(1) 师生人身安全事故和突发性疾病；

(2) 交通安全事故；

(3) 设施设备安全事故；

(4) 急性中毒安全事故；

(5) 极端自然灾害；

(6) 疫情防控；

(7) 其他安全事故。

(三) 突发事件领导小组成员

组　　长：×××

副组长：×××

成　　员：指导教师

突发事件领导小组的主要职责：承担和履行研学旅行过程中突发事件的预防、应急准备、应急处置和善后处理等职责，统一领导和协调处置工作；应居安思危，及时准确地掌握研学过程中的安全状况及动态，提出预防控制突发事件的对策和措施；突发事件发生时，应在第一时间到达现场，与有关部门密切配合，保证各项应急工作高效、有序进行。

(四) 事故报送

1. 报送内容

事发时间、地点，突发事件原因、突发事件经过、性质的初步判断，已采取的措施，突发事件报告单位和报告人等。

2. 报送程序

(1) 事发个人报送。事发后通知突发事件领导小组。

(2) 项目组报送。事发后项目组向所在地相关部门及学校报告。

(五) 各类突发事件的应急救援程序

1. 食品中毒

负责人：领队、组长

(1) 凡就餐后，师生出现不明病因的肚子痛、胸闷、恶心、乏力昏沉、呕吐、腹泻等症状，应迅速向突发事件领导小组或有关部门报告。

(2) 保管好供应给师生的食物，并进行封存。对制作、盛放可疑食品的工具、容器及可能的中毒现场进行保护，采集病人的排泄物或呕吐物样品，送防疫部门进行技术鉴定。

(3) 迅速与医务人员联系，就地救护。

(4) 根据事态严重情况决定是否送医院救治。

(5) 根据事态发展情况，迅速与学生监护人联系。

2. 暴力伤害或抢劫等事件

负责人：领队、组长

发现不法分子袭扰、行凶、行窃、斗殴、抢劫、劫持人质、放火、破坏公私财物等，应立即采取下列处置方法：

(1) 迅速报告指导教师；

(2) 视情况报警（向110或派出所报警）；

(3) 迅速报告突发事件领导小组；

(4) 立刻将受伤师生送入附近医院救治。

3. 突发性疾病

负责人：领队、组长

(1) 一般小病，就近就医；

(2) 有重症病人应立即与120联系，送都江堰市区或成都医院救治。

4. 交通事故

负责人：领队、组长

(1) 保护好现场，拍照取证，同时报警。事故报警电话：122。

(2) 及时救治伤员。

(3) 与学校和家长联系，协助做好医治、看护和善后工作。

5. 极端自然灾害

负责人：领队、组长

（1）情况严重时应立即中断研学旅行相关活动；

（2）组织师生安全有序撤离至安全地带；

（3）若出现伤情，立即报告突发事件领导小组，及时处理。

6. 疫情防控

负责人：领队、组长

（1）研学期间必须佩戴口罩，勤洗手，每日定时测量体温，注意个人卫生；

（2）若出现体温异常等症状，立即报告突发事件领导小组，及时处理。

一旦遇到突发情况，立即启动应急预案。

第三章

学校研学旅行课程研发的技术路线

在研学旅行课程实施过程中，设计好研学旅行课程学习手册是成功实施研学旅行活动的重要前提。本章我们以《"都江堰水利工程的科学与人文"学习手册》（以下简称《学习手册》）为例，具体阐释学校研学旅行课程研发的技术路线，以及背后的理论依据。

第三章 学校研学旅行课程研发的技术路线

第一节 选择研学旅行地点

一、依据课程定位选择

研学旅行基地或线路的选择，取决于课程的定位。研学旅行课程的设计，从长远来看，不是一些孤立的项目，而是一个需要围绕学校的办学定位和人才培养目标，服务于学校的办学理念、特点和优势，并与学生学科知识学习、技能训练和心理发展相互匹配的课程系列。我们选择都江堰作为研学旅行课程的一个基地，也是基于这样的思考。

成都市实外西区学校秉承"激发学生的发展潜能，为学生全面发展、个性发展、终身发展奠基"的办学理念和"品位高雅、追求卓越"的育人理念，在国家新一轮教育改革中，希望探索基础教育阶段为培养拔尖创新型人才奠定良好基础的教育模式，回应"钱学森之问"。"钱学森之问"让我们思考：一个能影响未来的卓越人才，通常都具有兴趣驱动、自我超越、实现价值、志存高远、有理想、有抱负等特点。他们做事的动机是内生性的，是因为喜欢而读书、因为喜欢而工作、因为喜欢而坚持。研学旅行课程要帮助学生发展出这样的人格特点，让学生在探究世界的过程中，觉察与发现自己的兴趣爱好、优势长处，从而为他们成为未来不同行业的卓越人才打好基础。所以，我们在选择研学旅行基地时，紧紧围绕学校的发展战略，依据学校人才培养的总体规划对本校研学旅行课程的开展做了以下总体计划，将课程在时序和内容上按三个阶段整体系统设计。

第一阶段：研学旅行课程情境应最大限度地激发出不同学生潜在的学科倾向性和天赋能力，尽可能做到科学与人文学科的广泛覆盖。

第二阶段：在学生个人兴趣偏好初步显现的基础上，提供分类课程供学生选择，如科学与技术类、历史与文化类、政治与经济类等。同时开设学科融通课程，提升学生的学习能力、研究意识和研究能力，进一步支持学生的个性化发展。

第三阶段：为具有兴趣偏好的学生定制个性化的研学旅行课程，激发个人的天赋能力，发挥智力优势，为其成为未来不同领域卓越人才打好基础。

同时，三个阶段的课程均贯穿学生对民族文化认同与自信品格的培养，包括理想、信念与价值观的培养，最终落点在为学生全面发展、个性发展、终身发展奠定坚实基础。

二、依据课程目标选择

研学旅行基地或线路的选择，要有助于达成课程目标。从中学生的身体发展、认知发展和社会性发展三个维度指标来进行分析，我们希望第一阶段的研学旅行课程能够最大限度地覆盖学校开设的所有学科，促进对学科知识的融通、整合与应用，激发学生自主探究的意识与潜能，培养学生感知世界、发现问题、探究问题、解决问题的行为与思维习惯。

都江堰水利工程，不仅涵盖了丰富的数学、物理学、化学、地理学、语言文学、天文学、历史学、考古学、生态学、管理学、社会学、哲学、宗教学等科学与人文知识，也蕴含了人类文明创造中中华民族独特的思想智慧，是学生的物质和精神宝库，更是面向未来，培养具有文化自信与国际视野人才、创新中华文化之世界表达的完美的活态课堂。这是我们选择都江堰作为第一阶段研学旅行基地的重要理由。

三、选择基地需要挖掘有价值的问题

研学旅行课程目标的达成，有赖于课程研发团队对研学旅行基地的深刻了解，以及在"发现和挖掘"研学旅行课程问题方面的深层次思考。这是课程开发团队前期开展调研考察和资料查询的主要工作，是和基地专家以及相关专业人士进行深度交流的主要内容。我们认为，研学旅行活动的"学"和"研"离不开"问题"。首先教师要具备在现实情境中发现问题、提出问题、分析问题和解决问题的能力。这个发现和挖掘问题的过程，与其说是课程研发团队的研究过程，不如说是团队开展跨学科跨领域学习的过程。所以，研学旅行基地不仅是学生学习的场域，也是教师成长的场域。

选择都江堰水利工程作为中学生研学旅行基地后，我们通过调研和讨论，提出了十个需要思考的问题。

一问：如何从中文字"水"理解都江堰建堰的思维？

二问：都江堰选址为何如此巧妙？是必然还是偶然？

三问：都江堰是神来之笔还是神人之功？

四问：都江堰水利工程为什么两千多年不衰？

五问：如果单从科学来解释都江堰水利工程，能发现什么问题？

六问：如果从科学与人文的整体性看都江堰水利工程，又能发现什么？

七问：如何从都江堰水利工程中看科学与中国哲学？

八问：今天的科学与未来的世界会发生什么？都江堰能给出怎样的启示？

九问：从都江堰建堰的智慧看未来的世界，能提出一个怎样的问题？

十问：如果人类文明的发展线路按科学与人文整体系统的思

维建构会发生什么？

这十个问题，由专家引领学生进行讨论、引发更深入的思考和探究。

"都江堰水利工程中的科学和人文"小课题研究方向建议清单见表3-1-1。

表 3-1-1

序号	名称
1	都江堰之发现数学之美
2	都江堰之发现物理学之奥
3	都江堰之发现化学之玄
4	都江堰之发现地理与人类依存
5	都江堰之发现生态与生活之思考
6	都江堰之发现古蜀国的秘密
7	都江堰之发现历史的昨天与今天
8	都江堰之发现中国语言文学之美
9	都江堰之发现管理的大智慧
10	都江堰之发现道家哲学的生命智慧
11	都江堰之站在一隅的世界表达

第二节　设计《学习手册》

一、基于课程基本要素

研学旅行课程作为一门综合实践活动课程，必须具备学校课程的基本要素，即课程性质与功能、课程目标、课程内容、学习方式、课程实施、评价方式等，因此需要深入设计。学校学科课程有课程标准、课程计划、教材、练习册、考试评价等，而研学旅行课程的综合性特点可以通过《学习手册》予以体现。在《学习手册》的"课程方案"中，我们阐释课程目标、课程内容、课程实施、课程评价等。在"课程计划"中，我们将研学旅行活动的每一天、每个环节都进行了详尽的安排。在"学习指南"中，设计了"研学准备""实地考察""探索与发现""研究与表达""生涯探索"五个学习模块。通过有结构的内容和开放的、生成性的问题设计，通过各种"学习记录"表，为学生的学习过程提供导向。让学生获得"感知—反思—选择—自治"的思维和行为训练，促进学生自主探究和建构知识，激发学生学习兴趣，自主挖掘潜能，发展对自我的认同与信心。在"生活指南"中，将学生的集体行为进行了规范，并制定了"应急预案"。

二、基于课程学习策略

研学旅行课程的学习不同于学校常规学科课程的学习。我们在《学习手册》的"学习指南"部分，尽力呈现学习的策略，体现在以下几个方面。

（一）设计问题

《学习手册》结合每个考察现场和探究环境，设计了基于情境的，具有开放性、反思性和参与性的学习问题。这些问题引导学生从感觉到知觉，从体验到感悟，从感性到理性，逐步深入研学旅行课程的核心——"研"。这些学习内容和问题相互间具有内在的联系，旨在激发学生建构认知事物的模型，提高其观察、感知和反映现实事物的能力。

（二）交互式讨论

《学习手册》在重要的研学节点都设计了交互式活动，包括边考察边即时记录的"学习感悟"、每天的"分享讨论"以及活动进程中的"专家报告"等。通过"学生与专家""学生与教师""学生与学生"之间对共同感知的现实问题进行思维碰撞，学生在对比中反思在观察现实事物、理解现实事物、分析和表达现实事物等方面不同人之间的区别，去体验自己与别人的不同，包括知识的储备、语言表达、潜在的学习偏好以及与人共情、合作的能力等。当学生感受到认知落差的时候，学习实际上就会发生。

我们认为，"基于情境"的问题设计及"具有认知差异"的交互式讨论设计是重要的课程内容。只有为学生的研学旅行活动提供"思维引导"，才能使学生通过直观的、感性的现实观察和体验，建构一个认知模型，完成整体的、深刻的、反思性的研究性学习。

（三）小课题研究

本课程强调"旅"为载体，"学"为纽带，"研"为核心。这与以"体验和感受"为主要目的的研学旅行课程的不同之处在于，后者通常以旅行为主，重点在于体验与感受，参与学生在旅行中收获不同的感受与体验，即为达成课程目标。这也不同于以"深化学科知识"为主的研究性课程。后者以深化学科知识学习为主要目标，由学科教师设计学科实践作业、规定实践要求，学生按教师提出的问题与要求完成实践操作。

以"研"为核心的研学旅行课程需要学生在真实的情境中去感知世界、发现问题、提出问题并解决问题。或通过提出问题、建立假说、寻求论据、推理论证，得出研究结果；或通过提出问题、建立假说、开展实验，进行推理论证等。学生在研究过程中，需要按照一定的研究方法开展研究，撰写研究报告，并对研究成果进行表达。一个中学生研究出来的东西，也许是稚嫩的，但研究问题的深浅不是我们评估研学旅行课程的目标。研学旅行课程的重点在于培养学生感知世界、发现问题、解决问题、探索未知的思维和行为。我们鼓励学生发现问题并描述问题，尽量将探究的问题聚焦在一个相对较小的范围内，以便开展小课题研究。事实上，要提出一个恰当的"问题"，对学生而言还比较困难的。而指导学生"基于问题"开展小课题研究，对教师而言，也比较困难。

三、基于教学组织与管理

研学旅行课程不同于学校常规课程的教学组织与管理。其在组织管理上具有以下特点。

（一）协调对象的多元性

实施一项研学旅行课程，涉及与研学旅行基地对接、与指导专家对接、与学校各个管理部门对接、与学校不同学科的教师对接、与学生家长对接、与旅行社对接等。活动的成功，需要各方面的参与者了解活动的目的、内容、方式，乃至时间、地点等，以便相互配合。

（二）学习形态的多样性

研学旅行课程中，"研""学""旅"作为课程的三种形态，尽管具有内在的联系，且目的指向一致，但对学习者和指导者而言，其参与方式、学习方式和指导方式都有很大的差别。因此，为每一环节的活动导航，将有序而严谨的活动组织管理融入开放的、生成性的学习进程之中非常必要。《学习手册》的功能，就是为学生自主学习、合作学习和探究性学习导航，为教师（和活动参与者）的跟进指导和生活管理提供依据。

第三节 研制"学习指南"

研制《学习手册》的重要环节，是研制"学习指南"。它是研学旅行课程研发团队关于研学旅行课程的设计观念与价值追求的一种具体呈现与诠释。在我们设计的《学习手册》中，"学习指南"包含课程内容、教学、组织管理三条主线。

一、研学旅行课程内容

（一）课程内容设计的思路

课程内容设计的结构遵循倒推的思路：从课程成果形态到课程目标，从课程目标推出需要匹配的学习内容；再从学习内容推出需要匹配的课程模块；从课程模块推出需要匹配的活动课时，并匹配不同的学习形式，逐步完成教学流程和教学评估的设计，如图 3-3-1 所示。

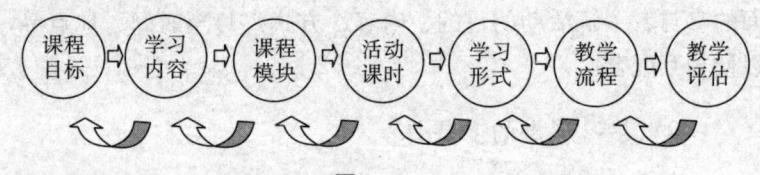

课程目标 ⇨ 学习内容 ⇨ 课程模块 ⇨ 活动课时 ⇨ 学习形式 ⇨ 教学流程 ⇨ 教学评估

图 3-3-1

图 3-3-1 表达了我们在课程内容设计过程中的思路，最终使每个环节的设计形成一个整体。顺推保证每个环节都是对课程目标的分解与关联，反推则保证下一环节均是上一环节任务实现的支撑。我们对此的理解是：教学流程中的每个环节都相互关联，并形成一个系统，促进课程目标实现。这种课程的设计理念

作为一条隐形线索贯穿于整个设计过程。

（二）课程内容设计的结构

内容结构遵循一定的学理和能力训练逻辑。我们以认知心理学与建构主义为指导，遵循"环境—认知—行为—习惯—发展"的学理和"体验—感知—反思—选择—自治"的能力训练结构，确定课程内容之间的关系（图3-3-2）。

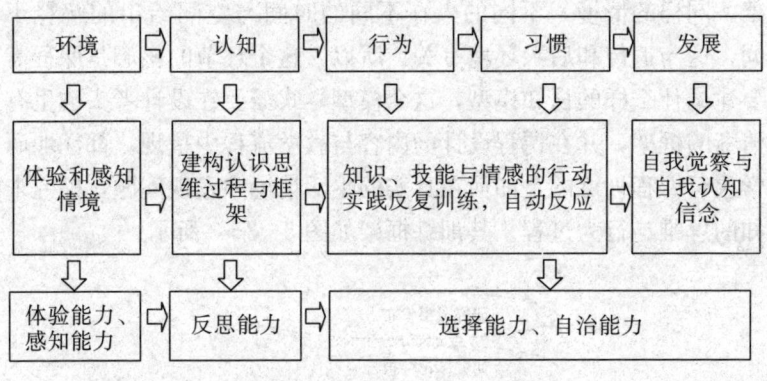

图 3-3-2

1. 环境

在这里指课程的情境设计。这个情境为学生提供体验过程中的感知刺激，不同的刺激产生不同的感知结果。我们需要考虑，学生在现实情境中学习，需要体验什么？感知什么？提高什么样的感知能力？

我们针对课程实地考察的课程情境设计了两条实地考察线路：一是都江堰水利工程，二是成都平原史前城址·芒城遗址。为什么要设计这两条考察线路呢？两条考察线路就是两个教学情境。如果从空间上来思考：都江堰水利工程一个点已经包含非常丰富的刺激，但是第二个教学情境"芒城遗址"，则是"都江堰水利工程"在时间轴上的延展,在时间和空间上提供更为宽泛的刺激与关联性思考,为学生对都江堰水利工程的理解提供更整体和系统的线索。我们希望以更为开放的课程形态,为学生提供更多包含科学和人文知识的感知刺激。

2. 认知

在这里指的是认知模型,也就是解释现象的思维过程与框架。同样的情境,不同的人在不同的时间与空间给出的解释不同,这与遗传和后天环境有关。所以,这个环节的核心是课程需要建构什么样的认知模型,这个模型样式需要在设计者头脑里有清晰的框架,并在课程设计的内容与教学流程中呈现。都江堰研学旅行课程训练的是如何在真实的生活情境中发现问题,探究未知的思维与行为过程。其训练框架如图3-3-3所示。

研究成果发布
研究结论与报告
研究过程性记录
证明假设的正误
提出问题假设
提出一个感兴趣的问题
发现一个好奇的现象
感知包含的科学与人文知识
体验真实的生活情境

图 3-3-3

3. 行为、习惯

在这里指的是从认知到行动的操作过程。在都江堰研学旅行课程中，我们共设计了 58 个问题。比如，在实地考察结束后，在活动反思环节，我们设计了以下问题：

（1）请结合第一天实地考察都江堰的感受和作业记录，画一张图来代表你所理解的都江堰。注意：这不是绘画比赛，也没有标准答案，请自由想象，独立完成。

（2）完成作画后，请你写出作画的理由：为什么用这幅画代表你所理解的都江堰？

（3）请从你的画作和解释中找出一个你觉得有意思的问题并把它记录在下面。

通过这样开放的、有关联和有结构的问题训练，逐步养成学生感知和反思问题的行为习惯。

4. 发展

在这里是指通过课程设计的教学情境构建其相应的认知，形成相应的解释世界的思维和行为方式，到反复实践的行动与操作，最后形成个体智力、身体和社会性发展的独特性。

以上是我们关于课程内容设计的理论依据和总体思路。

（三）课程内容模块设计

1. 课程目标设计思路

针对"都江堰水利工程中的科学与人文"研学旅行课程，我们确定目标的基本分析过程如表 3-3-1 所示。

表 3-3-1

人才培养目标	需要解决的问题	课程目标
1. 培养学生具有兴趣驱动、自我超越、实现价值、志存高远、有理想、有抱负的人格特点 2. 培养学生感知世界、发现问题、解决问题、探索未知的思维和行为。 3. 让学生在探究世界的过程中觉察与发现自己的兴趣爱好、优势与长处，为他们成为未来不同行业的卓越人才打好基础	1. 学生对不同学科在建构人类文明中的真实呈现缺少体验和感知 2. 学生对自然、人类生活欠缺好奇与探究意识 3. 学生对中华文化在人类文明创造中独特的哲学视角和生命智慧理解不够，在对中华文化的认同与自信上还需要提高 4. 学生学习的思维与行为上偏被动，主动性需要培养 5. 学生学习的思维品质偏理解与记忆，少质疑、反思与创新的高阶思维 6. 学生学习动机偏外力施压型，少内生原发型 7. 学生团队合作、信任、建立良好的人际关系的能力需要加强 8. 学生学习目标被动与短期，缺乏将个人的兴趣爱好和优势长处与未来生涯发展相联系	1. 提高学生对科学与人文知识在人类生活中真实呈现的觉察能力 2. 培养学生从体验、感知到反思、选择再到自主管理的思维和行为的建构能力 3. 提升学生对中华文化在人类文明创造中独特的哲学视角和生命智慧的感知能力，增强学生对中华文化的认同感与自信心 4. 培养学生发现问题、解决问题、探索未知的能力 5. 培养学生对自己的兴趣爱好、优势与长处的自我觉察、发现与培养的能力 6. 提升学生良好人际关系的建立能力 7. 帮助学生建立学科知识技能与未来生涯发展的关联性思考，提升生涯建构的能力

表 3-3-1 呈现了我们在《学习手册》提出的课程目标背后对学校的"人才培养目标"和"需要解决的问题"的思考与分析。

2. 课程模块设计思路

"都江堰水利工程中的科学与人文"研学旅行课程遵循环境—认知—行为—习惯—发展的学理，设计了"研学准备""实地考察""探索与发现""研究与表达""生涯探索"五个学习模块。五个模块形成一个整体，共计 80 课时，旨在通过研学旅行活动，让学生获得"体验—感知—反思—选择—自治"的"知—情—意"训练。其课程模块结构关系如图 3-3-4 和表 3-3-2 所示。

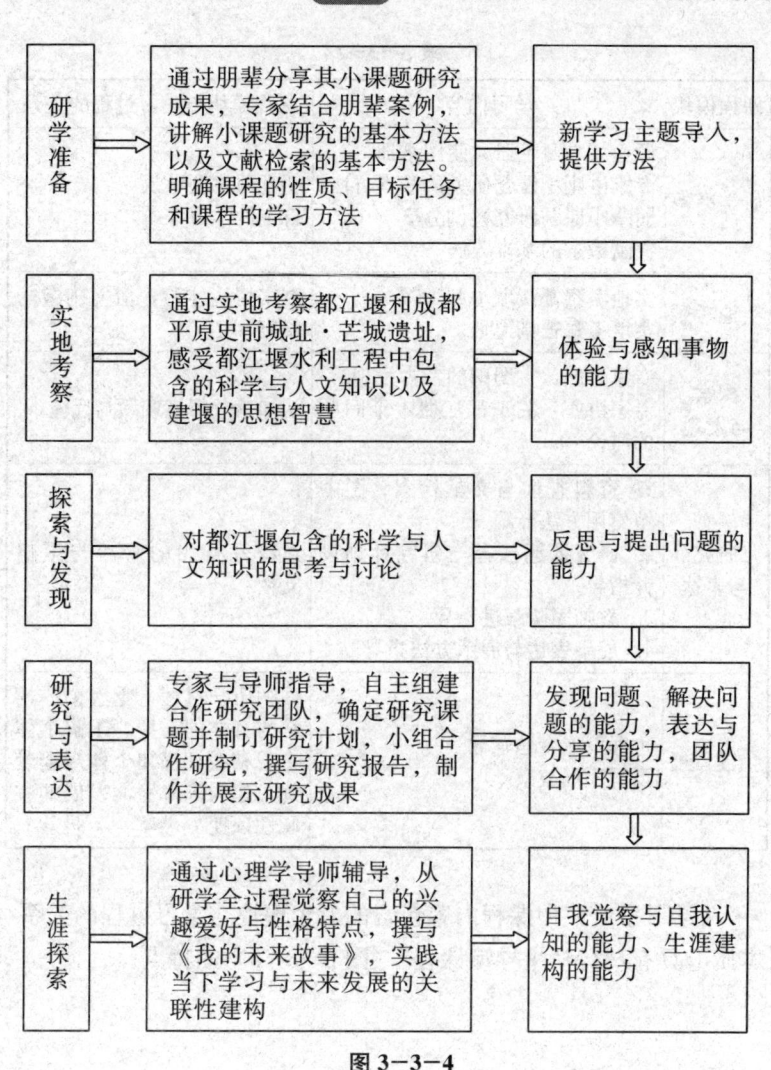

第三章 学校研学旅行课程研发的技术路线

阶段	内容	能力目标
研学准备	通过朋辈分享其小课题研究成果，专家结合朋辈案例，讲解小课题研究的基本方法以及文献检索的基本方法。明确课程的性质、目标任务和课程的学习方法	新学习主题导入，提供方法
实地考察	通过实地考察都江堰和成都平原史前城址·芒城遗址，感受都江堰水利工程中包含的科学与人文知识以及建堰的思想智慧	体验与感知事物的能力
探索与发现	对都江堰包含的科学与人文知识的思考与讨论	反思与提出问题的能力
研究与表达	专家与导师指导，自主组建合作研究团队，确定研究课题并制订研究计划，小组合作研究，撰写研究报告，制作并展示研究成果	发现问题、解决问题的能力，表达与分享的能力，团队合作的能力
生涯探索	通过心理学导师辅导，从研学全过程觉察自己的兴趣爱好与性格特点，撰写《我的未来故事》，实践当下学习与未来发展的关联性建构	自我觉察与自我认知的能力、生涯建构的能力

图 3—3—4

表 3-3-2

课程模块	学习内容	课程模块与学习过程的关系
研学准备	课程《学习手册》使用培训 专家讲座小课题研究的基本方法 朋辈小课题研究案例分享 文献检索的基本方法	新学习主题导入 自主性学习准备
实地考察	实地考察都江堰水利工程 实地考察芒城遗址	真实情境体验，情境刺激与反应
探索与发现	专家讲座：古蜀国的考古发现 专家讲座：关于都江堰十个问题的讨论	认知落差情境刺激与反应
研究与表达	1. 资料查询与文献检索、图书馆使用方法介绍 2. 研究课题选择与研究计划设计指导 3. 教师团队跟进指导 4. 成果表达与展示方法指导	过程性行为的管控与策略支持
生涯发展	生涯发展专题辅导 撰写生涯故事	回顾研学过程，觉察个体情绪与身体的需要，了解个体主观利益，感知个体兴趣爱好，建构未来生涯发展的关联性预期

《学习手册》中课程内容包含的五个模块与学习过程的关系，本质上具有"行动主导型课程"（图 3-3-5）的特点。

第三章 学校研学旅行课程研发的技术路线

```
新学习主题导入、自主性学习准备 → 真实情境体验、情境刺激与反应 → 认知落差、情境刺激与反应 → 研究性学习方法、策略与工具使用的支持，过程性行为的管控与策略支持 → 觉察个体情绪与身体的需要，了解个体主观利益，感知个体兴趣爱好，建构未来生涯发展的关联性预期
                                            ↑
                                    行动主导型课程
```

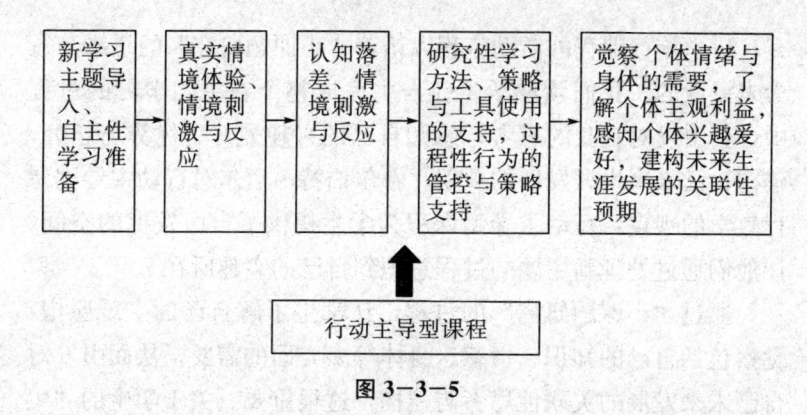

图 3—3—5

行动主导型课程的教育学标准

1. 在行动主导型课程中应该以学生的主观兴趣作为教学工作的出发点。
2. 在行动主导型课程中要鼓励学生独立自主地行动。
3. 该课程应该使得学生更开放，更能适应周围环境。
4. 要在头脑和双手、思想和行动之间形成一个协调的关系。
——希尔伯特·迈尔. 课堂教学方法（实践篇）[M]. 冯晓春，金立成，译. 上海：华东师范大学出版社，2011：353.

二、研学旅行活动流程

"都江堰水利工程中的科学与人文"主题研学旅行课程的活动流程从总体来看有几个特点。

（一）闭环设计

《学习手册》的三个模块"实地考察""探索与发现""研究与表达"的相关活动形成一个闭环式的结构。这个闭环是按照学生完成一个新学习主题——"如何做小课题研究"时，从思维到行动的全过程。也就是说，研学旅行的潜在主线是进行小课题研

究，研学旅行课程的活动流程以培养"小课题研究"的思维与行为来设计的。我们预设学生在自主完成整个新主题学习的过程中，会引发对自我的思考，感知自己的兴趣爱好、优势与长处，建构自己未来生涯发展的预期。希尔伯特·迈尔对行动主导型课程教学的观点：行动主导型课程为学生提供了自由发挥的空间，让他们通过处理新主题的过程意识到自己的兴趣所在[①]。

通过"小课题研究"的过程，让学生了解自己的主观愿望，觉察包括自己的知识、情感、身体等多方面的需要，从而引发对自己未来发展的关联性思考与建构，这很重要。关于学生的"生涯发展""职业发展"，现在有不少的"测试工具"和"分析工具"。但我们认为，中学生的生涯发展还在过程之中，用测试或分析工具对其未来生涯发展进行定性的评估需要谨慎，因为这种评估得出的是一种静态的结果。学校教育应为学生未来的发展提供可能性，学生未来发展需要我们动态地去把握。

（二）学生自主学习设计

《学习手册》的研学流程依据"新学习主题导入→真实情境刺激→认知落差刺激→方法、策略与工具的支持→自我认知与生涯建构"的思路，设计了25个活动、31个作业（含58个问题）、6个专家讲座。58个问题是全开放的，《学习手册》既不提供问题答案，也不设定回答的标准。整个过程就是师生在旅途中、在交互式讨论中、在反思与研究过程中共同参与、共同规划、自我督促与自我控制中完成的。教师的指导重在以行为过程建构认知、以认知模型控制行为过程，体现在讲座、活动、作业指导和问题讨论之中。

[①] 希尔伯特·迈尔. 课堂教学方法（实践篇）[M]. 冯晓春，金立成，译. 上海：华东师范大学出版社，2011：353.

◆以"研学准备"模块中"课程导入"的设计为例：

第一个环节：《学习手册》使用。

《学习手册》作为课程学材发放给每一位学生，教师指导学生如何使用《学习手册》，包括如何认识和理解本次研学旅行的意义、要求，填写开放性作业的时序与要求，如何参与讨论和提交各种材料等操作性问题。教师在此环节特别指出："本手册提出的问题与作业没有标准答案，没有对错之分，需要自己思考，每个人的答案都是独特而有意义的。教师在研学课程中不是权威，也不提供答案，只提供指导、支持与帮助。整个研学过程教师与同学们同行、同伴、同成长。"

第二个环节：朋辈小课题研究案例分享。本环节有8位美国中学生在线分享了他们的小课题研究成果。这个环节的教学情境设计，是希望学生"知己知彼"，了解美国的同龄人在做什么研究和怎么做研究；让学生感知"小课题研究"特征，识别"小课题研究"的基本模式，为学生进入新主题学习提供一个参照。教师在此环节的作用只是和学生一起进入交流情境中，与学生互动交流。

第三个环节："小课题研究的基本方法""文献检索的基本方法"小讲座。我们邀请自然科学史专家结合8位美国中学生分享的案例进行讲解，邀请大学图书馆的教师介绍文献检索的方法，为学生开展研学旅行活动提供工具支持。这样的设计符合中学生原有的认知水平，保证学生对新主题的学习建立积极的关系。

我们认为，一个人具有独立自主性是因为这个人有一套属于自己的独立自主解决问题的方法。所以，培养学生的独立自主性，不是放任自流，对教师来讲要求更高，也就是说教师要有能力帮助学生掌握独立自主处理问题的方法。而这种方法必须是以教师投入大量的精力、时间和所创造的学习过程为前提的①。教师投入大量的精力、时间和想象力为学生独立的行动创造条件，支持学生成为行动的主体和行动的实施者，让学生能够顺利地自主完成一个新的学习主题。

第四个环节：布置任务。

阅读《学习手册》的任务，是要求学生通过阅读完成行课前的所有准备，包括：为什么开这个课，怎么上？上的过程中你如何准备？你的老师是谁？你自己需要准备哪些学习工具？出行遇到困难和问题如何解决？此环节的设计体现在以下几个部分。

《学习手册》的前言部分为"致同学"，以散文式的呈现，让学生在轻松愉快的阅读中，带着自己的情绪与情感穿梭于优美的字里行间，建构出属于自己对课程背景、目的和意义的理解。

《学习手册》中"课程团队""课程方案""课程计划""学习指南""生活指南"这几个部分，采用工作文本的形式设计。我们希望通过提供这些教学文件，帮助学生和教师建构一个课程组织与实施的行动框架。这个设计环节具有传统课程教学的课程导入特点，但方法却有所不同，这个设计是将学生与教师平行地置于课程教学的整体之中。学生与教学团队都能从中找到自己在课程中的位置，包括组织位置、任务与职责，让学生共享这些在传统课堂中只属于教师使用的教学文件，从而引发其对新学习主题的好奇与期待。我们以这样的导入形式进行设计，旨在让学生共同参与、共同思考、共同规划新的学习主题。

《学习手册》中"学习指南"部分将教学过程与内容整体

---

① 希尔伯特·迈尔. 课堂教学方法（实践篇）[M]. 冯晓春，金立成，译. 上海：华东师范大学出版社，2011：353.

呈现给学生。学生通过阅读，会发现这个课程与传统学科教学课程的不同——所有任务都是回答问题，而且没有答案，需要自己完成。这让学生在行课前从心理与行为上做好相应的准备。

自主查询资料的任务是对前面"小课题研究的基本方法"和"文献检索的基本方法"的工具应用。课前准备不是由教师提供相关课程教学的背景知识，而是由学生运用已学到的工具与方法自己完成的活动。

以上几个环节的"课程导入"就是围绕学生自主性原则来设计的。

（三）开放性设计

《学习手册》中研学流程设计的开放性是从"问题的开放性""活动的开放性""研学指导的开放性"三个维度来设计的。

1. 问题的开放性

《学习手册》结合研学过程设置了三个问题（图3-3-6）。

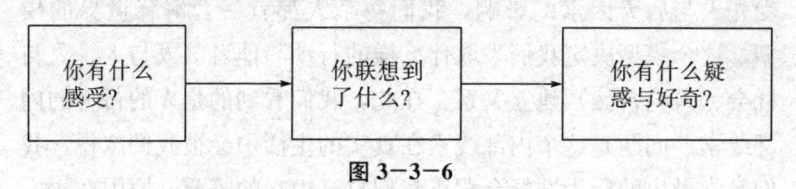

你有什么感受？ → 你联想到了什么？ → 你有什么疑惑与好奇？

图3-3-6

这样的问题看似琐碎而且重复，但我们可以用一张图来表示这种设计背后的心理学依据（图3-3-7）。

```
------- 行为
------- 感受
------- 需要
------- 自我
```

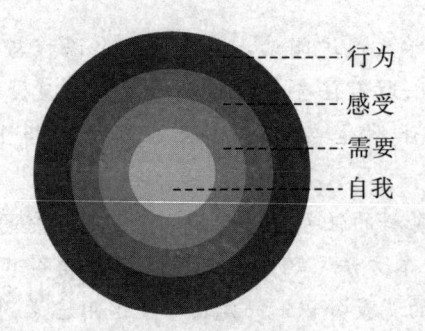

图 3-3-7

按照心理学的观点，人的行为是人的内部心理活动的最表层，我们能观察到的只是冰山一角。而左右这个行为最核心的是"自我"。我们对外部世界的反应从感觉开始，通过身体的各个感觉器官与这个世界发生联系，身体对感觉到的信息进行加工，对外部世界做出整体的解释，这种解释决定我们的行动选择。图 3-3-7可以帮助我们理解行动背后的心理机制。我们每个人面对同一个事实的感觉是不同的，这个不同来源于每个人不同的需要，不同的需要则来源于我们每个人对世界的解释偏好不同。受先天与后天因素的影响，我们每个人都有一套解释世界的模型，这个模型决定我们采取什么样的行动与他者（人与人、人与社会、人与自然）建立关系。在此，我们看到的是人的行为的内部线索。问题是这个内部线索在真实的生活中会被我们忽视，我们经常做出的行为选择会背离我们自己内在的需要，原因在于人在社会情境中需要适应社会规范。

如果我们将"课程导入"环节的问题设计为："听完培训后，你对本次研学旅行课程有什么看法？"学生们通常会有这样一些回答："一次有意义的课程""这个课程很重要""我们要高度重视"等。这个提问看上去是开放的，但实际是有约束性的，这种约束性在于，"看法"需要对事实做出评价，而人们在对一个事实做评价时，会不可避免地受到情境约束。如果学生担心自己的回答偏离了老师的要求与预期会受到批评，那么，他在回答问题时通常会揣摩老师的需要来回答问题。这在心理学里叫作防御。而这个防御机制对人来讲是有进化意义的。

由此，我们发现，从外部行为来看见自己最本质的那张"脸"是一件非常困难的事情。当我们用"听完培训后，你有什么感受"来提问时，学生的回答就变得五花八门。比如，有学生觉得"不对，有40多页的手册，不好，妈妈我要回家"；还有"感到担心""感到害怕"之类的答案。当我们以感觉开始提问时，其实是在拆掉"防御"那堵墙，让学生在不知不觉中反观"我究竟对什么东西感兴趣""我究竟最看重什么"等情绪与情感。其实，学生的这种情绪和情感已经反映了自己的个人兴趣偏好和性格特点。

如果我们从学生的感受开始提问，学生就更容易从自己的感受出发去理解自己内在的需要，从而发现感兴趣的问题。例如，在都江堰研学旅行小课题"研究选题"环节，很多同学都确定了研究课题并组成了研究小组。有两位学生纠结不知道怎么选，他们找到指导教师，发生了如下对话：

学生：老师，我们好着急哦，同学们都选好题了，就剩下我俩了。

老师：你们都了解其他小组研究的课题了吗？有没有你们喜欢的？

学生：没有，我们都看过了。

老师：研学过程中有没有什么东西最吸引你？

学生：我们看到这个很有意思，我们想研究它，但不知道它叫什么，你看，我们拍了照片。

老师：我看看，哦，是枸橼。

老师：你们喜欢枸橼，你们喜欢枸橼的什么？

学生：它是怎么拦水的？

老师：那你们是想知道杩槎拦水的原理吗？

学生：是的。

老师：如果要研究它拦水原理，还需要研究什么呢？

学生：杩槎怎么做的？

老师：那就是研究杩槎的结构，还有原理？

学生：是的，是的，杩槎的结构和原理，就这么定了。

就这样，"探秘杩槎的结构与原理"成为她俩的选题，在后来的研究中，她俩居然自己做了一个杩槎拦水的小实验，并将实验的过程录制成小视频，在成果汇报时作为研究课题的论证依据进行了展示。这是所有指导教师都没想到的，这也成为那一年研学课程的一个惊喜。这个案例表明，学生在一大堆现象中不缺感受，欠缺的是表达自己的感受，不能只是一味关注任务目标。当我们问学生"你想研究什么问题"时，学生通常会描述一大堆的现象和对现象的评判，就是没有问题。当我们从感受开始向学生提问时，学生感受背后的需要变得清晰起来，原因在于这个问题是学生原本就是感兴趣的，只是被教师问出来了而已。所以，我们的《学习手册》里设计了大量的这种提问。

2. 活动的开放性

《学习手册》中的活动设计总体思路是以小组为单位，以小组任务的形式贯穿整个活动过程。学生小组活动的开放性大体按课程的前、中、后三个时段设计。

（1）课程前段的活动设计。此段为课程模块"研学准备""实地考察"。这一时段的活动设计以学生研学行政小组为单位来开展，活动任务内容包括：以小组为单位总结当天的考察与学习内容、编写小组研学日志、交流研学心得，由指导教师分组指导完成。这个环节重点在于帮助学生回顾与整理感受、情绪、经验,并且通过"学生之间"的分享与讨论,引发更多的思考。我们把这个环节定位在"感觉与经验觉察"的训练阶段。这种开放性带来的自主性收效是:学生自主完成研学过程的记录与整理后,小组和全班交流成为最让人激动的时光。因为对于同一种现实情境,个人的见识、知识积淀、潜在的学科偏好、表达问题的方式等不同,每个人的感受、分析、理解和表达内容就都有不同。同伴之间的对比富有启发性,这是同伴之间相互学习的好机会。

(2) 课程中段的活动设计。此段主要包含课程模块"探索与发现"。这一时段的重点是"学生和专家、教师之间"互动。通过"专家讲座"和"问题研讨",学生在现实情境中获得的体验、感悟与专家的观点和思想相碰撞。这个阶段的开放性体现在研学指导行为的开放性中,我们放在后面进一步说明。

(3) 课程后段的活动设计。此阶段的课程模块主要为"研究与表达"。这一时段的小组活动任务内容包括"选题并自主组建研究小组""制订研究计划""确定任务小组任务分工""查阅研究资料或开展调查""撰写研究报告""收集与整理研学过程性资料""制作成果汇报 PPT""集体展示研究成果"等一系列的课题研究小组活动。活动以课题研究小组为单位,每个组根据课题内容配置相应学科的指导教师。比如,"都江堰宝瓶口——热胀冷缩原理的巧妙应用"课题组拥有地理、化学和物理学科的指导教师,他们全程跟进指导。有一位指导教师感叹:我被 5 个小组拉进了群里,几乎每天都有视频会议,还要在微信群里不断回答学生的提问,一边是被学生感动,一边是太累。一位家长在参加学生研学成果报告会结束后不愿离去,含着眼泪告诉我们:我的孩子从小学到中学,老师总是告诉我,你的孩子不爱说话,也不爱与老师和同学交流。他在家里也是这样,就是看书,不爱说话。今天他在这么大的报告厅做报告,我第一次听到他说这么多话，而且讲得那么好。我太感动了！这段时间他每个周末都在家里上网，我以为他在打游戏。我去看他，他马上制止我，说："我们小组在开视频会议，我们的指导教师在线上，别过来干扰我们。"

当学生们学以致用，以研究者的角色开始解释现实情境中提炼出来的问题，并分析和解决问题时，我们可以观察到一种学习主体意识的真正回归。

3. 研学指导的开放性

我们以"探索与发现"阶段的活动设计为例。本阶段的主要思路是：通过组织"学生之间""学生与专家之间"对开放性问题进行讨论，刺激学生对原有认知经验的突破，引发学生更多的思考。本阶段学生已结束实地考察，进入从感性到理性思考的阶段。这个阶段本可以请一位都江堰水利工程方面的专家做一个讲座，让学生通过专家讲解，理解"都江堰水利工程的科学与人文"即可，但我们没有采取这种形式，我们认为，一个专家的讲解是具有权威性的，这对学生的知识理解有很大的帮助。但是，专家的知识如何转化为学习资源，是"告诉"还是"探讨"？我们以课程定位与认知心理学理论为指导，在设计思路上遵循三个原则，即平等合作原则、思考重于理解原则、从感受到需要的原则。

（1）平等合作原则。建立学生的主体意识，淡化专家的权威角色。专家和学生一起探讨"都江堰水利工程"的奥秘，成为一个合作研究共同体。这里以"探索与发现"专题报告为例。

【活动一】体验与感知

第一个环节：课堂作业绘画，学生以自由绘画来表达其对都江堰水利工程的理解。第二个环节：每人在小组中分享自己的画作，并作出解释。第三环节：班级分享，每个小组选派一名代表在全班分享本小组的观点。专家在这个环节是一个主持人的角色，给出任务，控制讨论环节，归纳总结讨论结果。

【活动二】思考与发现

第一个环节：教师给学生一个问题，当教师提到"水"这个字时，你想到了什么？第二个环节：小组讨论，分享各自的答案，小组记录并归纳总结本小组的答案结果。第三个环节：班级分享每个小组的答案。这个环节，专家的角色变成一个类似于"探秘游戏"的导游，先让学生以小组为单位解密游戏答案；最后由专家解密游戏谜底，引出对都江堰水利工程十个问题的思考。

【活动三】主题讲座

教师在学生前两个环节讨论的基础上，就自己对于都江堰水利工程提出的十个问题展开讨论与分享。在分享的不同环节，与学生展开互动，或个人或小组适时讨论。整个过程教师成为一个参与者，其观点仅仅是观点之一。学生不知不觉被带入探讨问题的行动之中，大大激发了学生自主学习的行动控制。这个环节允许学生将手机、电脑带入课堂，随队的指导教师都非常担心学生在课堂上玩手机，我们讨论到都江堰与古蜀国的关系时，有一位教师看见有几个学生一边听课一边使用手机，忍不住走到学生身边制止，结果发现学生正在用手机查询问题——这与学生平时偷着玩手机的状态截然不同。

(2) 思考重于理解原则。教师讲授的"都江堰水利工程中的科学与人文"讲座以问题的方式一一呈现，俨然是由都江堰水利工程引发的一个个思考，把所讲的知识融合在思考之中，为学生提供了观察现象的视角和思维方式，引发学生产生类似"老师居然是这么想的，我还可以怎么想呢""老师这样分析和解释问题，这需要比较渊博的知识"等个体的思考。这里，重要的不是让学生理解与记住都江堰水利工程的结构与功能特性，因为在提供了文献检索和图书馆使用等工具和方法后，学生可以自己完成这类知识的获取。那么，真正重要的是如何让学生通过都江堰水利工程的观察，引发更多的关于人类文明进程中的科学与人文的思考。这些思考能力才是学生面向未来的核心能力，也是学生完成当下课程目标发现问题、探究问题、解决问题能力的训练目标。

在教师做专题报告的过程中，学生不断参与讨论各种问题。每个人都需要在组内发表自己的观点，小组依次上台发表本小组的观点。而且，小组中的每个人要轮流做一次小组的主持人、发言人和记录人，小组同伴协作向全班分享。学生"听"报告的过程变成了"思考问题和表达问题"的过程。这个过程也给我们带来不少惊喜。学生的讨论如此精彩，他们给出的解释远远超出我们的预设。

（3）从感受到需要的原则。《学习手册》设计了较多的"体验与感知""思考与发现""主题讲座"这样的活动序列。比如上面案例在"体验与感知"活动中设计了"画一张图来代表你所理解的都江堰"，在"思考与发现"活动中设计了"你从一个字'水'联想到什么"，学生讨论这样的问题后再进行主题讲座。

这种设计主要是帮助学生通过思考开放性的问题，打消学习过程的"防御"心理，从感受中觉察自己最本真的需要，去"发现"自己感兴趣的问题。通过绘画和文字"水"的联想，引发学生对自己兴趣特点的觉察，并在与小组与班级同学分享的过程中，觉察自己与他人的不同。这也是心理学的投射原理的运用。我们用一个示意图来表示这个活动序列所反应的心理过程（图3-3-8至图3-3-10）。

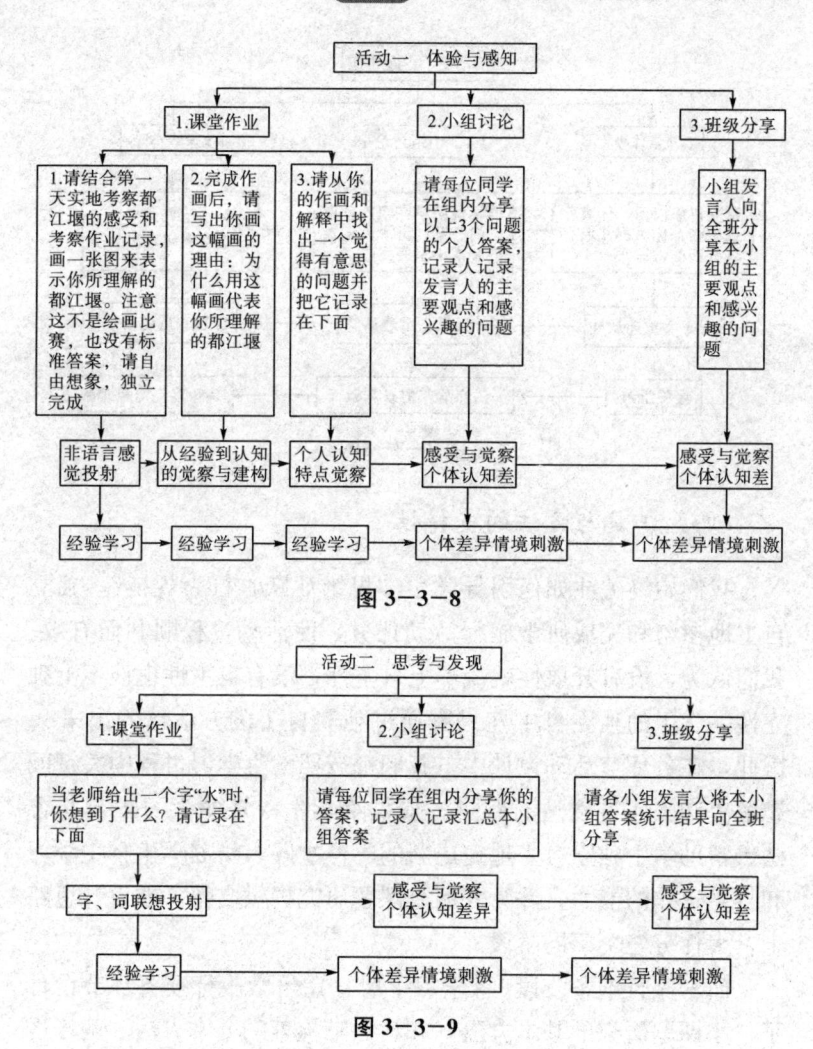

第三章 学校研学旅行课程研发的技术路线

活动一 体验与感知

1. 课堂作业
2. 小组讨论
3. 班级分享

1. 请结合第一天实地考察都江堰的感受和考察作业记录，画一张图来表示你所理解的都江堰。注意这不是绘画比赛，也没有标准答案，请自由想象，独立完成

2. 完成作画后，请写出你画这幅画的理由：为什么用这幅画代表你所理解的都江堰

3. 请从你的作画和解释中找出一个觉得有意思的问题并把它记录在下面

请每位同学在组内分享以上3个问题的个人答案，记录发言人的主要观点和感兴趣的问题

小组发言人向全班分享本小组的主要观点和感兴趣的问题

非语言感觉投射 → 从经验到认知的觉察与建构 → 个人认知特点觉察 → 感受与觉察 个体认知差 → 感受与觉察 个体认知差

经验学习 → 经验学习 → 经验学习 → 个体差异情境刺激 → 个体差异情境刺激

图 3-3-8

活动二 思考与发现

1. 课堂作业
2. 小组讨论
3. 班级分享

当老师给出一个字"水"时，你想到了什么？请记录在下面

请每位同学在组内分享你的答案，记录人记录汇总本小组答案

请各小组发言人将本小组答案统计结果向全班分享

字、词联想投射 → 感受与觉察 个体认知差异 → 感受与觉察 个体认知差

经验学习 → 个体差异情境刺激 → 个体差异情境刺激

图 3-3-9

87

```
                    ┌──────────────────┐
                    │ 活动三  主题讲座 │
                    └──────────────────┘
          ┌────────────┬──────────────┬────────────┐
     ┌─────────┐   ┌─────────┐   ┌─────────┐
     │1.课堂作业│   │2.小组讨论│   │3.班级分享│
     └─────────┘   └─────────┘   └─────────┘
     ┌─────────┐   ┌─────────┐   ┌─────────┐
     │听完讲座以后,│ │请每位同学在组内分享│ │请各小组发言人将本│
     │你有什么  │   │你的答案,记录人记录│ │小组答案向全班分享│
     │感受?你对都江堰有│ │汇总本小组答案 │ │          │
     │哪些新的认识? │ │          │   │          │
     └─────────┘   └─────────┘   └─────────┘
     ┌─────────┐   ┌─────────┐   ┌─────────┐
     │反思、重建认知│ │反思、重建认知│ │反思、重建认知│
     └─────────┘   └─────────┘   └─────────┘
     ┌─────────┐   ┌─────────┐   ┌─────────┐
     │ 经验学习 │──→│认知落差情景刺激│→│认知落差情景刺激│
     └─────────┘   └─────────┘   └─────────┘
```

图 3-3-10

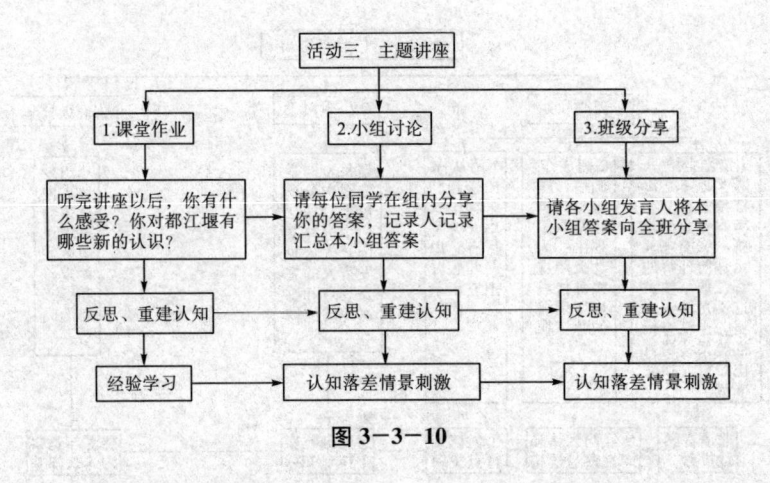

(四)工具与方法的支持性

我们始终关注如何引导学生"思维活跃,行为规范",独立自主地参与和完成研学旅行活动任务,使活动过程顺利而有效。我们认为,没有开放性就谈不上自主性,没有自主性也谈不上独立性。学生的独立自主性只有通过独立自主的方法培养出来[①]。因此,在各环节活动设计中,我们都按照学生学习过程中关键问题解决和工作进度适时跟进,提供给学生一定的学习工具与方法,帮助学生独立自主地完成新的学习主题,培养学生自主学习和自主工作的能力,并为开展小课题研究提供支持。在设计思路上,大体分三个不同阶段。

研学旅行准备阶段。《学习手册》在研学旅行准备环节设计了"小课题研究的基本方法"和"文献检索的基本方法"两场讲座,在研学旅行准备阶段,给学生一些做研究的方法与工具,指导学生自主查询与收集都江堰水利工程的相关资料。此阶段设计

---

① 希尔伯特·迈尔. 课堂教学方法(实践篇)[M]. 冯晓春,金立成,译. 上海:华东师范大学出版社,2011:353.

的意义在于,让学生一开始进入新的学习主题时,就能主动思考问题,获取需要的学习资源。

研学旅行活动阶段。《学习手册》在"实地考察""探索与发现"的环节所设计的各种活动也渗透了观察、比较、分析、综合、反思、表达等策略。这些思考已经在上面各节有所介绍,这里不再赘述。

研学旅行选题阶段。《学习手册》在"探索与发现"环节设计了在都江堰市图书馆的学习活动。由都江堰市图书馆的专家讲解"如何使用图书馆与资料查询",并指导学生自主查询资料。学生研究的课题定向在都江堰水利工程,这种与地方性深度相关的课题研究仅用文献检索的方法还不够全面,有些资料需要在地方图书馆中的地方文献馆藏中查询。

研学旅行课程研究阶段。《学习手册》在"研究与表达"环节为学生提供行动支持的策略包含两个方面:一是工具性的支持,二是方法与策略的支持。工具性的支持:我们设计了课题研究所需要的"研究计划表""研究报告体例模板"等操作工具,帮助学生习得课题研究的思维和行为。方法与策略的支持:一是类似审题的活动,学生按课题组分别陈述课题研究思路和提纲,指导教师团队给学生提出建议;二是研究报告撰写过程中,跨行业跨学科的教师团队的跟进指导;三是研究报告初步完成后,学生课题组在班级开展交流汇报,指导教师团队逐一给出修改与完善建议;四是研学旅行活动结束后,进行研学旅行活动成果展示汇报,教师团队指导学生固化研究成果,汇编研究资料。

三、研学旅行活动质量评估

我们按照学生研学过程与效果评估和教师指导行为与质量评估两个方面来思考。

（一）学生研学过程与效果评估

《学习手册》设计的"研学评价"按照"学习纪律""完成小组任务""完成研学作业""完成成果分享"，并通过"自评""小组评""指导教师评"进行。评价结果分为"合格"和"待改进"。这样的评价将"过程性评价"与"结果性评价"相结合，主要还是由我们所设计的"行动主导型"活动的性质决定的。

1. 关于结果性评价设计

我们认为，学生按时参加活动，有效完成《学习手册》中的"思考问题"，可认定其学习过程行为是完整的。当学生完成"研究报告""研究过程性资料的收集成册"和"我的生涯故事"，可认定为行动预期结果达标。

2. 关于学生自评设计

"自评"的依据是社会心理学对过度自信的矫正研究，"三种技巧可以成功地降低过度自信。一种是即时反馈"[①]，即通过及时回顾行动过程，觉察其行动过程中自己的认知、方法、策略、情绪管控等因素的状态与变化，判断从知觉到行动的过程中哪些行动是有效的，反思行动过程中诸多因素对结果的影响，觉察其不被发现的、隐藏的、影响学习效果的因素，从而帮助学生规避因"过度自信"带来的认知偏差。所谓"过度自信"，从社会心理学的研究来讲：当我们解释自己的经历和建构记忆时，我们的自动化直觉有时会出错，并且我们通常意识不到这些缺点。对过去知识进行的判断中存在一种"智力自负"现象（我早就知道

[①] 戴维·迈尔斯. 社会心理学 [M]. 11版. 侯玉波，乐安国，张智勇，等译. 北京：人民邮电出版社，2016：92.

了），这种自负会影响对目前知识的评价和对未来行为的预测[1]。我们往往会低估问题的难度和不可预知事件的发生概率，最为普遍的是低估工作所需要的时间。所以，社会心理学的研究发现我们通常后悔的不是我们没做的事情，而是我们能做却没有做的事情[2]。在我们的"行动主导型"研学旅行活动中，对学生学习过程中的认知和行为内部状态进行评估是有意义的，旨在提升学生适应类似工作任务情境的能力，促进自身的发展。因为结果是行动结束的形态，如果只从形态来评价效果，那么其参照标准是外部给定的。就学生本身来讲，其操作过程影响其行动结果，过程中的这个指标参照标准是指向个体内部的。

3. 关于学生互评设计

我们的依据是社会心理学对"自我服务偏差"的研究。"社会心理学领域最富挑战性而又证据确凿的结论之一是关于自我服务偏差的效力，即个体倾向于以有利于自身的方式来进行自我知觉[3]。通常人们对自己的评价往往高于真实状态，要克服这种缺陷，可以通过身边最熟悉的人对我们进行评价，其准确率高于自我评价。社会心理学的研究证明：别人眼中的我们比我们自己眼中的自己要更加接近客观现实[4]。所以，这个评估环节的设计是想通过同伴之间的相互评价，帮助学生和教师更好地评估其学习过程中的真实状态。

---

[1] 戴维·迈尔斯. 社会心理学 [M]. 11版. 侯玉波，乐安国，张智勇，等译. 北京：人民邮电出版社，2016：92.

[2] 戴维·迈尔斯. 社会心理学 [M]. 11版. 侯玉波，乐安国，张智勇，等译. 北京：人民邮电出版社，2016：88.

[3] 戴维·迈尔斯. 社会心理学 [M]. 11版. 侯玉波，乐安国，张智勇，等译. 北京：人民邮电出版社，2016：61.

[4] 戴维·迈尔斯. 社会心理学 [M]. 11版. 侯玉波，乐安国，张智勇，等译. 北京：人民邮电出版社，2016：90.

4. 关于教师评价设计

在自评、互评、教师评价的设计中，教师在学生学习效果评价中的权重只占到三分之一。我们希望规避教师本身的主观性和对学生的刻板印象，让教师能多角度、多方位对学生个体做出更为客观的评价，同时也要规避教师个体"过度自信"带来的认知偏差。在我们看来，评估的目的应服务于课程目标。

（二）教师指导行为与质量评估

关于教师指导行为与质量评估要求，我们在《教师手册》中以"指导教师职责"的形式呈现。如果从字面意思来理解，这类似一个工作管理制度。而具体的实施方式则是在《学习手册》涉及的各环节之中，通过以"教师合作学习"促评。

比如，"探索与发现"中，学生进行"体验与感知""思考与发现""主题讲座"三个活动之前，教师团队的准备会主要研究如何结合三个学习活动的不同要求，为学生的反思和交流留足空间，引导学生进行深层反思。活动结束后，教学团队的总结会会对活动总体情况进行反思与讨论。发现问题，讨论解决方案，适时调整策略。

教师团队的指导质量，可以根据其指导的学生研究成果的质量，以及自身开展的相关研究的质量进行检视。教师评估的目的，不是评价教师的工作业绩，而是通过评估促进教师发展。

四、研学旅行活动的组织与管理

研学旅行课程的设计与实施是一个系统工程。这与研学旅行活动的时间长短无关。在"都江堰水利工程的科学和人文"主题研学旅行活动中，我们对于具体的组织与管理方式进行了探讨。

第三章　学校研学旅行课程研发的技术路线

（一）实施项目制管理

从《学习手册》"课程团队"中的组织结构可以看出，我们本次活动以项目制的形式组建课程团队，并以项目需求进行人员调配与组织。组织架构实施三级分层管理。

第一层级——校级管理层。校长和分管副校长为课程项目组的顾问，主要负责课程目标方向的定位，提供课程资源开发与学生管理等方面的支持。

第二层级——中层管理。项目负责人为中层领导，主要负责参与项目策划、工作统筹和资源协调，包括对项目执行团队的工作指导、项目计划与预算的报批、校内跨学科教师与参与活动的学生团队的组织、学校内外联络工作的协调等。

第三层级——项目执行团队。团队成员按课程研发、活动指导两个小组分设任务。课程研发小组负责课程的研发（包括课程方案设计、课程团队组建、课程计划确定等，最终形成指导学生研学旅行的《学习手册》）、活动指导教师的沟通与培训（通过研学旅行线路实地考察等形式行进）、教学过程督导与评估等。活动指导小组由学校跨学科的教师团队和外聘专家团队组成，负责学生研学旅行过程中的活动指导，包括学生的教育管理、宣传和后勤工作，以及对接旅行社、安全管理、应急处理、物资保障等。

具体到本次研学旅行活动，项目负责人分别由初中部副主任和学校教师发展中心副主任担任，特聘了两位有丰富教育经验的教师负责组织课程研发。10 名不同学科的教师和自然科学史、文物考古、图书情报等方面的专家学者共同担任活动指导教师；并得到了都江堰市文化、体育和旅游局的大力支持。我们的体会是：以项目制形式开展研学旅行课程，可以保证组织在目标、行动上的统一，在资源调配与保障上也具有灵活性。

（二）精心设计活动指南

我们的《学生手册》和《教师手册》，既是学生研学旅行的行动指南，也是教师团队集体的行动指南。团队按照学生学习的流程与内容，及时研究学情，给予研学指导，并对学生的生活实施过程性管理。《学习手册》文本作为课程重要资源，也可以适时进行修改和完善，持续使用，逐步形成学校的研学旅行系列课程资源。

（三）在行动中促进教师成长

我们认为，基于真实情境的研究性学习指导，对教师团队而言极富挑战性。在这种情境中，参与其中的每一位指导教师面对不同的学习个体，如何有效地指导其进行观察、思考，如何启发学生基于情境、基于现场，去寻找和提炼研究的问题，并对学生的研究进行跟进指导，并不是一件容易的事。这不可避免地会遭遇"知识缺陷"和"认知盲区"，甚至需要在教育价值取向、教育观念、思维方式等方面做出一些改变。这种改变在现实的状况下很难一蹴而就，也很难另起炉灶。所以，教师的研学旅行活动专题调研，每个研学旅行环节的活动前、活动中、活动后的教师团队研讨，在活动过程中教师间、教师和相关专业人士间、教师和学生之间的相互交流、碰撞，以及教师参加研学旅行后撰写反思性文章等过程，显得尤为重要。

第四章

学校研学旅行课程实施样态与要素

学校研学旅行课程的活动样态是多种多样的。我们研发的研学旅行课程主要由五个模块构成,即"研学准备""实地考察""探索与发现""研究与表达""生涯探索"。本章我们以视频的形式,将各模块的基本样态以及其关键要素予以呈现。

第四章 学校研学旅行课程实施样态与要素

第一节 研学准备

"研学准备"包含课程研发、教师培训、学生动员、实施准备等。课程研发主要由课程研发团队依据学校研学旅行课程建设指导方案确定研学旅行课程主题及基地,设计研学旅行活动内容,调配资源等,最终以《学习手册》的形式呈现。也可以同时设计《教师手册》,分别供参研学生和指导教师团队使用。教师培训要针对全体指导教师,包括校内教师及校外特邀教师,就研学旅行课程理念、目标、内容、指导方法及活动过程管理等达成共识,并进行研学旅行活动指导准备。学生在研学旅行之前,要明确研学旅行的目的和意义、了解活动主题和要求,并进行相应的课前准备,包括学习和了解研究性学习的基本工具、收集相关主题资料等。

教材简介总码　　　　研学准备

第二节 实地考察

"实地考察"过程以《学习手册》为依据,全程由对研学旅行主题有深入研究的专家进行讲解与指导。学生在实地考察和听讲的同时,采用文字、影像、图画等多种手段,记录实时感受,在生发思考和疑问时,即时与专家、指导教师、同伴交流对话,专家与指导教师也实时给予回应。

考察结束后，即时进行反馈，通过自我反思和朋辈分享，帮助学生回顾和整理感受、情绪与经验，突破个体的经验边界，为下一步学习打下基础。

实地考察

第三节　探索与发现

"探索与发现"主要通过主题讲座、对话、讨论、调查、访问、资料查询等方式，促进学生对研学主题的深刻理解，激发学生探索的兴趣；并基于现实情境，寻找研究课题，促进学生形成探究问题的思维习惯，避免"只旅不学""只学不旅""只旅学不研"的现象。

探索与发现

第四节　研究与表达

"研究与表达"以学生自愿组建的课题小组为单位，确定研究主题、制订研究计划。通过文献查阅、动手实验、走访调查、专家访谈、在线交流等方式，自主开展研究。指导教师团队分组指导，全程跟进。研究结果以"研究报告"等形式呈现，并进行公开汇报，以展示和表达研究成果。

研究与表达

第五节　生涯探索

"生涯探索"主要通过回顾研学过程，让学生觉察个体情绪、愿望和内在的需要，了解其主观利益，感知个体兴趣爱好，建构未来生涯发展的关联性预期。最终以自我叙事与幻游的形式，完成"我的未来故事"，以期不断提升学生自我觉察、自我认知与生涯规划能力。

生涯探索

参考文献

[1] 教育部等 11 部门关于推进中小学生研学旅行的意见[EB/OL].(2016-12-02)[2022-04-05]. http://www.moe.gov.cn/srcsite/A06/s3325/201612/t20161219_292354.html.

[2] 陶铁敏. 研学旅行中学生核心素养的孕育[J]. 教育与管理, 2017 (23): 20-22.

[3] 殷世东. 新时代中小学研学旅行的内涵、类型与实施模式[J]. 现代中小学教育, 2020 (4): 1-5.

[4] 杨晓. 研学旅行的内涵、类型与实施策略[J]. 课程·教材·教法, 2018, 38 (4): 131-135.

[5] 殷世东. 新时代中小学研学旅行的内涵、类型与实施模式[J]. 现代中小学教育, 2020 (4): 1-5.

[6] 滕丽霞, 陶友华. 研学旅行初探[J]. 价值工程, 2015, 34 (35): 251-253.

[7] 曹晶晶. 日本修学旅游发展及其对中国的启示[J]. 经济研究导刊, 2010 (10): 134-136.

[8] 荆文风. 中小学研学旅行课程建设研究[D]. 武汉: 华中师范大学, 2019.

[9] 吴垚. 基于目标情景模式的中小学研学旅行课程开发研究[D]. 成都: 四川师范大学, 2020.

[10] 张晓瑜, 占晓婷. 中小学研学旅行必须走课程化之路[J]. 教育教学, 2020 (9): 326-327.

[11] 王婷婷, 刚祥云. 论中小研学旅行面临的几个问题及其应

对策略[J]. 黑龙江教育学院学报，2017，37（5）：75-77.

[12] 希尔伯特·迈尔. 课堂教学方法（实践篇）[M]. 冯晓春，金立成，译. 上海：华东师范大学出版社，2011.

[13] 戴维·迈尔斯. 社会心理学[M]. 11版. 侯玉波，乐安国，张智勇，等译. 北京：人民邮电出版社，2016.

[14] 格兰特·威金斯，杰伊·麦克泰格. 追求理解的教学设计[M]. 2版. 闫寒冰，宋雪莲，赖平，译. 上海：华东师范大学出版社，2017.

后　记

　　学校研学旅行课程研发团队在"都江堰水利工程中的科学与人文"主题研学旅行活动实施之后，又研发了"食品与人类生活——二郎镇郎酒庄园研学之旅""走进成都"等主题研学旅行课程。"走进成都"主题研学旅行课程包括"成都的历史与文化""成都的政治与经济""成都的科技与未来"三个研究内容。目前，已经研发并实施了"走进成都的历史与文化"的四个子项："走进成都——成都的水系""走进成都——成都的街区""走进成都——成都的诗歌""走进成都——成都的美食"。在学生的小课题研究中，由美术和语文教师合作指导的"色彩与诗歌意境的表达——以杜甫《绝句》为例"，由音乐与语文教师合作指导的"古诗词的吟诵与音乐元素分析——以柳永《一寸金》为例"，由物理和化学教师合作指导的"成都美食'三大炮'的运动轨迹分析"等，让我们感受到跨学科综合研究的魅力。在研学旅行活动中，师生共同体验、感悟、学习、研讨、开展小课题研究，这样的画面已然成为师生共同成长的亮丽风景。

　　在我们研发与实施研学旅行课程的同时，按照学校课程体系的总架构，学校学科融通课程开发团队与高校教师团队合作，根据学生的知识基础，设计并实施了"《红楼梦》人物服饰研究""乐高扫地机器人设计与实现""航天发射模拟""椭圆性质在创意折叠家具设计中的应用""基于Arduino的智能家居控制系统设计"五个项目。五个项目分别以中学阶段的语文、物理、数

后 记

学、计算机学科知识为基础，辐射到的知识包括人文、艺术、理科、工科等领域中的服饰美学、应用教学、航空航天、电子信息等，以此引导学生建构学科知识与跨学科、跨领域知识之间的联系。

下一步，我们将依据学校教育改革思路与规划，继续研发满足不同学段学生需要的研学旅行课程，形成具有学校特色的课程体系，为学生提供更多的学习选择和指导，促进学生全面发展、差异化发展和个性化发展。